Was **denkt** mein **Pferd?**

Sibylle Luise Binder

KOSMOS

Inhalt

Was denkt mein Pferd?

Hätte man diese Frage vor 20 Jahren gestellt, wäre man in den Augen der Verhaltensforscher schon disqualifiziert worden. Damals war es nämlich Lehrmeinung, dass Tiere überhaupt nicht denken, sondern einem Reiz-Reaktions-Schema folgen. Doch im Gegensatz zu Verhaltensforschern haben Reiter nie an das Reiz-Reaktions-Schema geglaubt. Ihre Pferde zeigten ihnen jeden Tag, dass sie nicht einfach dem Instinktprogramm „Equus Caballus V7.3 beta“ folgen, sondern höchst individuell agieren. Für Reiter war es nie eine Frage: Pferde denken.

Inzwischen gehen die Verhaltensforscher mit den Reitern konform. In den letzten Jahren hat man das Reiz-Reaktions-Schema wieder über Bord geworfen und ist stattdessen zu der Auffassung gekommen, dass Tiere durchaus denken – und mehr noch: Man gesteht ihnen sogar zu, dass sie Erfahrungen ganz individuell verarbeiten und dass sie lernen können, über ihre Instinkte hinaus zu handeln.

Für Pferdeleute ist das keine neue Erkenntnis. Sie erleben täglich Pferde, die mit Hunden freundschaftlich umgehen – und das, obgleich Caniden (Hundeartige) im Instinktprogramm des Pferdes als „Fressfeind“ abgespeichert sind. Sie erleben, dass

Pferde nicht nur gelassen den Sattel und den Reiter tragen, sondern sogar daran Spaß haben können – obwohl ihr Instinkt ihnen eigentlich sagen müsste, dass etwas, was ihnen „im Nacken" sitzt, gefährlich ist. Pferde sind denkende, fühlende Wesen – für Reiter und Pferdeleute steht es außer Zweifel. Doch die Frage ist: Was denken Pferde? Können wir Menschen lernen, sie zu verstehen, um ihnen aus dem Verständnis heraus näher zu kommen? Ich denke, wir können es – und, was noch wichtiger ist: Wir sollten es. Und nicht nur, weil es uns den täglichen Umgang mit dem Pferd erleichtert, wenn wir einschätzen können, was es denkt und fühlt, sondern weil uns das Verständnis für die Psychologie des Pferdes, das Wissen über seine Art, die Welt zu sehen, zu hören, zu riechen und zu fühlen und Einblicke in sein Gefühls- und Familienleben einen Blick in eine andere, faszinierende Dimension erlauben.

Pferde sind im Umgang wahrscheinlich die interessantesten Wesen, denen der Mensch je nahe gekommen ist – und das nicht nur, weil Pferde bei all ihrer kraftvollen Eleganz und Stärke so friedvolle Kreaturen sind, sondern weil sie geradezu prädestiniert für die Zusammenarbeit mit uns sind. Sie sind Herdentiere – und mehr noch: Sie sind Herdentiere, die für ihr Überleben in freier Natur darauf angewiesen waren, feinste Signale ihrer Gefährten wahrzunehmen.

Ein Pferd, das nicht in der Lage war, sich für Futtersuche und Flucht vor Fressfeinden in der Herde zu integrieren und mit ihr zu kooperieren, hatte weder große Überlebenschancen noch war es wahrscheinlich, dass es sich erfolgreich fortpflanzen konnte. Gleichzeitig mussten Pferde aber auch fähig sein, die „Sprache" ihrer Fressfeinde zu verstehen. Auf diese Art selektierte die Natur Pferde zu Spezialisten in sozialem Umgang mit anderen Individuen. Kein anderes Haustier kommuniziert auf einer so subtilen Ebene wie das Pferd, kein anderes ist so sehr fähig, unsere Stimmungen und Gefühle wahrzunehmen und darauf zu reagieren. Pferde scheinen Gedanken lesen zu können – und das sollte für uns Grund genug sein, uns der Mühe zu unterziehen, ihre Gedanken zu erforschen und darüber zu lernen.

Flucht-Spezialisten

Einst, als die ersten Equiden (Pferdeartigen) unterwegs waren, war die Erde noch von dichten Urwäldern überzogen. Wer darin überleben wollte, musste sich verstecken. Doch mit der zunehmenden Erderwärmung wichen die Wälder zurück und die Steppe breitete sich aus. Die Equiden mussten ihre Überlebenstaktik ändern. Verstecken war nicht mehr möglich. Wer nicht gefressen werden wollte, musste entweder stärker als die Fressfeinde sein – oder schneller. Die Pferde schafften es, schneller zu werden und durch ständige Fluchtbereitschaft ihr Überleben zu sichern.

In Hab-Acht-Stellung

Wer als Pferd in der Natur überleben wollte, musste seine Umgebung aufmerksam beobachten. Auch heutige Pferde haben immer dann, wenn sie sich nicht im vertrauten Stall befinden oder in der Sicherheit der Herde weiden, alles im Blick. Und mehr noch: Mit gespitzten Ohren belauschen sie ständig, was um sie herum vorgeht.

Auf der Flucht

Auch wenn Pferde schon seit Jahrtausenden domestiziert sind: Ständige Fluchtbereitschaft gehört immer noch zu ihrem Instinktprogramm. Eine Maus im Gras, ein Rascheln in den Büschen an der Koppel kann ausreichen, um sie aufzuscheuchen. Doch dahinter steckt nicht Feigheit, sondern Klugheit: Die Maus könnte vor einem Fressfeind weglaufen.

WUSSTEN SIE?

- Pferde verstehen die „Sprache" des Feindes. Sie können einschätzen, ob eine über die Steppe streifende Löwin nur dahinschlendert oder ob sie einen Angriff plant.
- Pferde auf der Flucht können Spitzengeschwindigkeiten bis zu 50 Kilometer in der Stunde erreichen – und für eine ganze Weile diese dann auch durchhalten.
- Flucht ist anstrengend. Der Adrenalinspiegel im Blut steigt, der Puls erhöht sich von circa 60 auf über 200 Schläge in der Minute, der Schweiß tropft und die Körpertemperatur kann von 36,8–37,5 °C bis auf 40 °C ansteigen.

Zum Laufen geboren – das Erfolgsmodell Pferd

Evolutionsbiologen sagen, dass sich in den Babys einer Spezies immer der nächste Entwicklungsschritt der Evolution zeige. Betrachtet man ein Fohlen daraufhin, wird nicht nur klar, wohin sich die Spezies Equus Caballus ohne unsere Eingriffe entwickelt hätte, sondern wir können zudem etwas über die Priorität erfahren, der die Entwicklung des Pferdes gefolgt ist. Sie haben als Vierzeher angefangen, doch sie haben Hufe entwickelt, weil sie ihnen Tempovorteil verschaffen. Sie haben immer längere Beine und ein großes Lungenvolumen bekommen, weil sie damit vor fast jedem Feind weglaufen können.

Fohlen sind – noch viel mehr als ihre Eltern – Lauftiere. Alles an ihnen ist auf Tempo abgestellt: Die langen Beine, der kurze, kompakte Körper, die Bemuskelung an Hinterhand, Schulter und Hals, ein Herz-Kreislauf-System, das sowohl schnelle Starts wie auch Dauerleistung ermöglicht. Tatsächlich sind sie schon ab der ersten Stunde ihres Lebens fluchtbereit. Kaum geboren, strampeln sie sich auf die Beine und obwohl sie nicht sicher wissen, wo die Milchquelle ist – das Wissen, dass sie um ihr Leben rennen müssen, wenn die Herde flüchtet, ist ihnen angeboren.

Der Sehsinn – das Auge

Sich in die Sinneswelt eines anderen Wesens hineinzudenken, ist schwer – und beim Pferd wird es auch nicht leichter, da sich ihre Sinnesleistungen von unseren geradezu extrem unterscheiden. Das beginnt mit dem Gesichtssinn des Pferdes.
Darin gibt es gleich einige Punkte, in denen das Pferd ganz anders sieht als der Mensch. Erstens: Pferde haben den Rundumblick. Sie sehen nicht nur, was genau vor ihnen liegt, sondern auch noch alles, was in einem fast kompletten 360°-Winkel um sie herum geschieht.
Zweitens: Pferde erkennen nachts viel mehr als wir. Dafür sehen sie Farben vermutlich anders – ihr Spektrum reicht weiter. Allerdings nehmen Pferde die Welt deutlich unschärfer wahr als wir.

Die Sehachse

Der „Trick" für den Rundumblick des Pferdes ist die konvergierende Sehachse. Im Gegensatz zum Menschen, der mit beiden Augen einen bestimmten Punkt fokussiert, arbeiten Pferdeaugen unabhängig voneinander. Der Vorteil: Sie sehen mehr. Der Nachteil: Diese Informationsfülle kann nicht so detailliert verarbeitet werden wie bei uns. Ergebnis: Pferde sehen undeutlicher.

Rundumblick

Stellen Sie sich vor, Sie könnten sehen, was hinter Ihrem Rücken vorgeht. Unmöglich? Für Pferde nicht. Mit ihren seitlich am Kopf liegenden Augen können sie nicht nur wahrnehmen, was sich vor ihrer Nase abspielt, sondern auch, was in der Umgebung geboten wird.

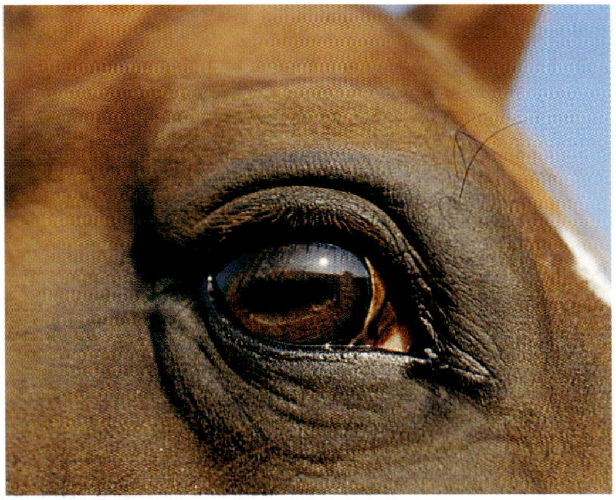

Das geheimnisvolle Schimmern

Haben Sie schon einmal in ein Pferdeauge gesehen? Dann ist Ihnen sicher das geheimnisvoll-goldene Schimmern im Augenhintergrund aufgefallen. Verantwortlich dafür ist das so genannte „Tapetum Lucidum“, eine Leuchtschicht im Pferdeauge, die gemeinsam mit der ovalen Pupille dafür sorgt, dass das Restlicht so verstärkt wird, dass Pferde auch bei Dunkelheit gut sehen. Das hat aber einen Nachteil, der sich für das Pferd in der Natur nicht auswirkt, dafür aber in menschlicher Obhut Schwierigkeiten machen kann: Pferdeaugen passen sich nicht so schnell an wechselnde Lichtverhältnisse an. Beim Übergang vom Hellen ins Dunkel brauchen Pferde einen Moment, bis sie wieder klar sehen.

Im toten Winkel

Wollten Sie schon immer mal mit Ihrem Pferd tiefe Blicke austauschen? Dann stellen Sie sich bitteschön nicht direkt vor das liebe Tier. Direkt vor seiner Nase hat das Pferd nämlich einen toten Winkel. Ihr Gesicht da vorne ist nicht mehr als ein Fleck – der sogar erschrecken kann. Ein einigermaßen klares Bild bekommt ein Pferd nur, wenn es etwas von der Seite betrachten kann.
Dafür aber sehen Pferde „schneller“ als wir. Werden uns mehr als 20 Bilder pro Sekunde vorgesetzt, nehmen wir sie nicht mehr einzeln wahr, sondern ziehen sie zu einer Bewegungssequenz zusammen (auf diesem Trick basiert Film). Pferde dagegen können bis zu 25 Bilder pro Sekunden sehen und daher auch noch Bewegungen und Formveränderungen in ihrer Umwelt wahrnehmen, die uns entgehen.

Der Hörsinn – die Ohren

Pferdeohren erfüllen eine Doppelfunktion. Sie sind Sinnesorgan und Ausdrucksmittel in der Kommunikation zwischen Pferden. Ihre Entwicklung als Sinnesorgan ist wieder einmal eng mit der Evolution des Pferdes als Fluchttier verbunden. Der Gehörsinn ist nämlich einer von den Sinnen, die keine Aktivität vom Benutzer verlangen. Selbst im Schlaf nehmen Pferde Geräusche wahr – und das „Aussortieren" darauf, ob ein Geräusch aktive Aufmerksamkeit verlangt oder „überhört" werden kann, funktioniert unterbewusst. Dabei liefert das Instinktprogramm die Parameter: Ein leises Rascheln kann von einem anschleichenden Feind verursacht sein, ist also gefährlich. Ein kreisendes Modellflugzeug hingegen interessiert ein Pferd nicht sehr – es hat ja keine Flugfeinde.

WUSSTEN SIE?

- Pferde hören „mehr" als Menschen. Sie können Frequenzen wahrnehmen, die für uns nicht hörbar sind.
- Pferde mögen Musik. Man kann nachweisen, dass sanfte Musik – wie Mozart – beruhigend auf sie wirkt.

Mit gespitzten Ohren

Wenn Pferde unsere Ohren beurteilen könnten, würden wir wahrscheinlich nicht gut wegkommen. Im Vergleich zu ihren können unsere nämlich fast nichts: Man kann sie nicht drehen, man kann sie nicht aufstellen, sie funktionieren nicht unabhängig voneinander. Und weil sie flach an unserem Kopf liegen, fangen sie auch weniger ein als die Trichterohren des Pferdes, die Schallwellen gezielt ins Innenohr weiterleiten.

Pferde hören definitiv besser. Doch das wirklich geniale an ihrem Hörvermögen sind nicht die Ohren, sondern ist die Informationsverarbeitungszentrale, die dazwischen liegt: Das Hörzentrum im Pferdegehirn. Das schafft es nämlich, aus der Fülle von Informationen, die in jeder Minute dort eintreffen, immer die herauszufiltern, die für das Pferd wirklich wichtig sind.

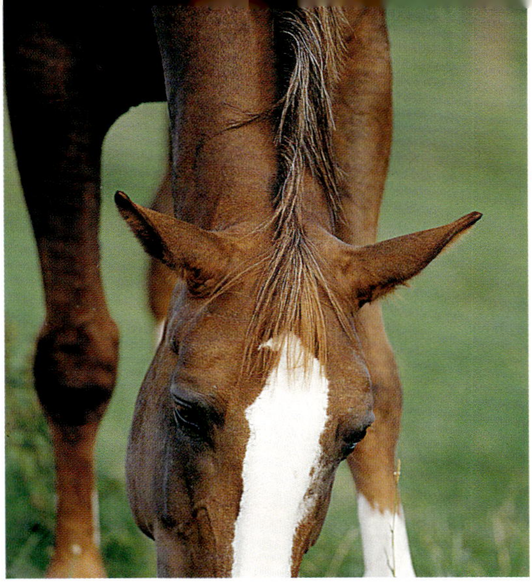

Pferde hören schneller

Verhaltensforscher gehen davon aus, dass die Seh- und Hörfrequenz aneinander gekoppelt sind. Pferde können 25 Bilder pro Sekunde unterscheiden – und dementsprechend können sie vermutlich auch Schallimpulse in entsprechender Frequenz empfangen. Dazu kommt, dass ihr Hörumfang weiter reicht als unserer. Das heißt, sie können höhere und tiefere Töne hören als wir.

Immer bereit

Pferde sind in einem ständigen Zwiespalt: Auf der einen Seite müssen sie immer wachsam sein, auf der anderen Seite müssen sie fressen. Doch die Evolution hat dafür gesorgt, dass sich diese beiden Bedürfnisse nicht gegenseitig ausschließen. Hat das Pferd den Kopf im Gras, sieht es zwar nicht mehr viel um sich herum – aber die Ohren überwachen die Umgebung.

Eine Ausrichtungsfrage

Was kommt da von hinten? Das Pony im Bild ist nicht ganz sicher, ob das, was sich da gerade annähert, ihm nicht sein Fressen streitig machen könnte. Die Reaktion: Lauschen mit nach hinten gedrehten Ohren – und gleichzeitig werden die Ohren schon einmal in Halb-Droh-Haltung angelegt.

Der Geruchssinn

Haben Sie schon einmal in eine Mineralwasserflasche hineingerochen? Nein? Sie meinen, das bringe nichts, weil sauberes Wasser nicht rieche?
Aus menschlicher Perspektive haben Sie Recht. Doch wenn Sie Pferd wären, würden sie wahrscheinlich gerne an der Flasche schnüffeln. Der Geruchssinn des Pferdes ist deutlich besser ausgeprägt als der unsere. Darum können sie Wasser sogar auf weite Entfernungen riechen – eine Fähigkeit, die fürs Überleben in freier Natur sehr wichtig ist und sogar ausschlaggebend sein kann. Doch für Pferde riecht nicht nur Wasser. Sie erkennen sich gegenseitig am Geruch und sie wissen, wie ihr Futter riechen muss.

Die Supernase

Bei Pferdenasen gibt's ein wenig „mehr" von fast allem: Mehr an Oberfläche, dadurch mehr Riechfäden, also mehr Geruchssinn. Und damit nicht genug: Es gibt auch noch den „Organ-Mehrwert": Innerhalb der Pferdenase befindet sich das so genannte „Jacobson'sche Organ", das vermutlich der Geruchsverstärkung dient.

Aktiv oder passiv riechen

Der Geruchssinn funktioniert im Zwei-Wege-System: Zum einen ist er ein passiver Sinn – also einer von denen, die sich nicht abschalten lassen. Zum anderen können ihn Pferde aber auch aktiv einsetzen – wie der Schimmel im Bild zeigt: Er hat die Nüstern weit geöffnet, um damit alles, was ihm an olfaktorischen Reizen in der Umgebung geboten wird, aufzunehmen.

Wasser gefunden!

Pferde können Wasser nicht nur über weite Entfernungen riechen, sondern – zumindest in der Natur – auch zwischen „gutem" und verdorbenem Wasser unterscheiden. Allerdings müssen wir als Reiter heute dennoch aufpassen, wo wir unsere Pferde trinken lassen. Chemische Verschmutzungen können sie nämlich nicht sicher erkennen.

Flehmen

Er will es ganz genau wissen: Dem Braunen im Bild ist ein ganz besonders interessanter Geruch in die Nase gestiegen. Und als Pferd hat er die Möglichkeit, den einer intensiven Prüfung zu unterziehen: Er klappt einfach die Oberlippe über die Nase, womit er den Geruch „konserviert" und – so vermuten jedenfalls Hippologen – das Jacobson'sche Organ aktiviert, das ihm bei der Auswertung des Duftes hilft. Das Ganze nennt man „Flehmen".

Und nein, geflehmt wird bei Pferden nicht nur, wenn etwas unangenehm riecht. Ganz im Gegenteil: Unangenehmen Gerüchen – wozu zum Beispiel zu viel Parfüm bei ihren Menschen oder „Odeur vergammelt" gehören – gehen sie lieber aus dem Weg. Dafür flehmen Pferdeherren sehr ausführlich, wenn sie den Geruch einer rossigen Stute in die Nase bekommen.

Der Geschmackssinn

Pferde sind Feinschmecker. Wie bei uns, sitzen auf ihrer Zunge Tausende von Geschmackspapillen, die zwischen süß, sauer, salzig und bitter unterscheiden können. Allerdings unterscheidet sich ihr Geschmackssinn deutlich von unserem. Während die meisten Menschen bitter eher als unangenehm empfinden, mögen Pferde Bitterstoffe meist sehr gerne. Und das macht auch Sinn: Einige von den Kräutern, die sie für ihre Gesunderhaltung brauchen, schmecken ausgesprochen bitter.
Der Geschmack für Süßes ist Pferden übrigens nicht angeboren. Die meisten Fohlen mögen keinen Zucker. Dass viele von ihnen später trotzdem ganz wild darauf sind, ist Konditionierung durch den Menschen, der ihnen Zucker als Belohnung anbietet.

Guten Appetit!

Würde man Pferde nach ihrem Lieblingsessen fragen, würden sie wahrscheinlich sagen: „Frisches Gras!"
Das ist auch gut so, denn frisches Gras ist ihr wichtigstes Grundnahrungsmittel. Davon brauchen sie am meisten, daraus beziehen sie den größten Teil ihrer Energie. Bei ihnen stimmt die Gleichung „Schmeckt gut – tut gut".

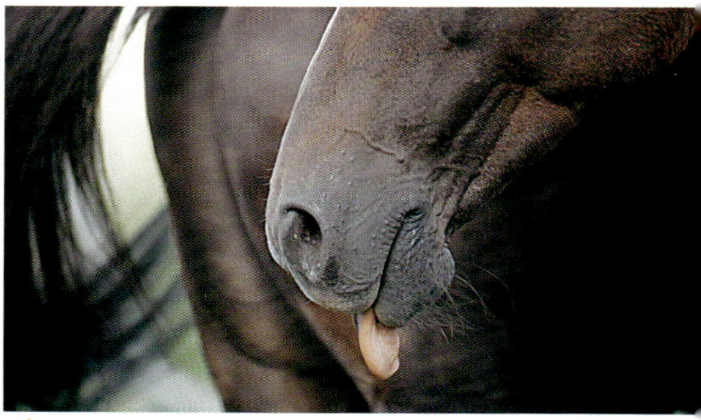

Feine Zunge

Pferde sind wie Menschenkinder: Begegnen sie etwas Neuem, möchten sie es mit allen Sinnen „begreifen". Dazu gehört, dass sie daran lecken. Ihre Zunge ist ein Sinnesorgan, das ihnen eine ganze Menge Informationen liefert – und zwar weit über den Geschmack hinaus. Die Zunge kann auch tasten und damit Formen und Oberflächen erfassen.

Wählerisch? Und wie!

Pferde sind absolut keine Allesfresser, sondern ausgesprochene Feinschmecker. Sie suchen sorgfältig aus, was sie fressen – und das geht sogar so weit, dass sie in ihrem Heu erst einmal die schmackhaftesten Kräuter herauspicken oder kleine Blättchen aus dem Sand sortieren können.

Schmeckt!

Bevor Pferde kräftig zubeißen, wird das Futter auf seine Fressbarkeit geprüft.
Der Braune hat den Apfel für gut befunden und lässt ihn sich schmecken. Anschließendes Lecken an Händen oder auf anderen Oberflächen scheint den Geschmack zu verstärken und den Genuss zu verlängern.

WUSSTEN SIE?

- Pferde mögen Abwechslung in ihrem Speiseplan. Immer nur Hafer, Heu und eine Karotte als Leckerli wird ihnen schnell langweilig. Wer ihnen etwas bieten will, kann es zum Beispiel auch einmal mit Aprikose, Banane, Mandarine, Roter Beete, Chikoree oder Petersilie probieren.
- Pferde sind ausgesprochen wählerisch und echte Individualisten, wenn es um Futter geht. Doch glücklicherweise verraten sie ihrem Menschen sehr schnell, was sie mögen und was nicht. Ein unbeliebtes Leckerli wird einfach ausgespuckt oder gar nicht erst angenommen.

Der Tastsinn

Den Tastsinn gibt es gleich in zwei Ausführungen: In der aktiven Version – mit Tasthaaren, Lippen und Hufen – und in der passiven, die Berührungen meldet. In beiden Fällen sind Pferde ausgesprochen sensibel. Ihre Tasthaare liefern ihnen zum Beispiel Informationen darüber, wie weit etwas von ihnen entfernt ist, während sie mit den Lippen Oberflächenstrukturen und Formen erfassen können. Die Hufe unterdessen tasten den Boden ab. Der passive Tastsinn dagegen nimmt wahr, ob da eine Hand streichelt oder ein Insekt sich zum Stechen anschickt.

Tasthaare unter Druck?

Pferde haben eine Menge Tasthaare: Um die Augen herum, an der Nase, unter dem Maul. Aber wie funktionieren sie? Haare sind „totes“ Material und eigentlich gefühllos. Der Trick ist das „Darunter“: In der Haut unter den Tasthaaren stecken Zellen, die auf Druck und Richtungsveränderung reagieren. Das Tasthaar ist die „Antenne“, die diese Zellen mit Informationen versorgt.

Gefühlszone Maul

Was macht ein Pferd, wenn es sich etwas genauer ansehen will? Es setzt seine Lippen zum „Betasten“ ein. Und während die Lippen aktiv betasten, sind die darum herum liegenden Tasthaare an der passiven Informationsaufnahme beteiligt. Im Zusammenspiel ergibt sich für das Pferd ein klares „Tastbild“ – weswegen man ihm übrigens nie die Tasthaare abschneiden sollte.

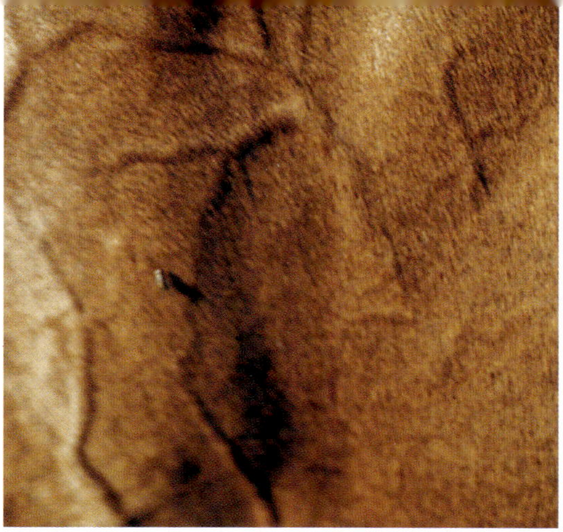

Die Haut …

… ist eines der sensibelsten Sinnesorgane des Pferdes. Obwohl sie von Fell bedeckt ist, spürt das Pferd jede feine Berührung – angefangen von der Fliege, die sich auf seinem Rücken niederlässt bis zum Finger, der sanft darüber streicht. Und auch diesbezüglich mögen Pferde Abwechslung: Fellhandschuh, Gummistriegeln, Streicheln – sie genießen Tastreize auf der Haut.

Ganz schön kitzelig!

Dem Fuchs im Bild wurden die Fliegen, die auf seiner Schulter herumkletterten, zu dumm. Ein kräftiges Schütteln wehrt die Plagegeister ab – bis sie kurze Zeit später wiederkommen.
Mähne, Fell und Schweif dienen übrigens auch als Wetterschutz: Sie fungieren als „Regenrinne“ bei Niederschlägen und Isolierung bei Hitze und Kälte.

Es juckt!

Wie fein die Pferdehaut empfindet, merkt man als Reiter unter anderem daran, wie Pferde auf das, was wir ihnen „anziehen“, reagieren. Vor allem der Schweiß, der sich unter einem Halfter bildet, scheint sie zu stören. Die typische Reaktion darauf ist es, die juckende Stelle zu scheuern – auf der Koppel am Bein, in der Halle aber auch gerne am Reiter.

Zeit- und Orientierungssinn

Unsereins ist ohne Uhr aufgeschmissen. Und wenn wir in unbekanntem Gelände unterwegs sind, brauchen wir Karte und Kompass. Pferde haben es da einfacher: Sie haben eine eingebaute Uhr – die übrigens nicht nur Stunden und Minuten anzeigt, sondern dazu einen Jahreskalender bietet. Und was die Orientierung angeht, so haben Pferde gleich zwei eingebaute Navigationssysteme. Zum einen ist ihr Gedächtnis so gut, dass sie sich Wege, die sie einmal gegangen sind, merken und zu einer Art „Karte“ verbinden können. Zum anderen aber können sie sich – ähnlich wie Brieftauben – an den Magnetlinien der Erde orientieren. Damit schaffen sie es, sogar aus unbekanntem Gelände über weite Entfernungen auf direktem Weg zu ihrem Ziel zu finden.

Die innere Uhr

Woher wissen Pferde, wie viel Uhr es ist? Dass sie es wissen, ist jedem klar, der schon einmal ausführlicher ein Pferd beobachtet hat. Es weiß genau, was wann geboten ist – vom Weidegang über die Fütterungszeiten bis hin zu den regelmäßigen Reitstunden. Doch wie der Zeitsinn funktioniert, wissen nicht einmal Biologen ganz genau. Sie vermuten, dass der „Takt des Lebens“, der innere Zeitgeber, nicht durch ein einzelnes Organ gesteuert wird, sondern durch den Rhythmus, in dem die Zellen arbeiten.

WUSSTEN SIE?

- Der Zeitsinn der Pferde funktioniert nicht nur im 24-Stunden-Takt, sondern sogar darüber hinaus im Wochen-, Monats- und Jahresrhythmus. Regelmäßig wiederkehrende Ereignisse können sie sich merken.
- Auf den Tagesrhythmus bezogen, scheint die „innere Uhr“ der Pferde ein wenig schneller zu ticken. Dadurch sind sie immer etwas zu früh dran.

Der Pfadfinder

Für Wanderer kann es ein Problem sein: Sie nehmen eine Abkürzung – und schon haben sie sich verlaufen. Reitern geht es da besser: Wenn sie nicht mehr so genau wissen, wo sie sind, können sie sich ihrem Pferd anvertrauen. Es kennt den Heimweg – und sogar noch besser: Es kennt sogar den direktesten Weg zurück in den Stall – und spätestens zur Futterzeit wird es den einschlagen.

Orientierungstraining

Der Verhaltensforscher Bernhard Grzimek war einst sehr enttäuscht: Er testete mit Zuchtstuten den Orientierungssinn der Pferde – und erwischte dabei lauter Damen, die nicht nach Hause fanden.

Heute weiß man, wo der Fehler in seinem Versuch lag: Um aus unbekanntem Gelände heimzufinden, müssen Pferde ihren Orientierungssinn trainieren. Das gelingt ihnen am besten in der Herde. In der führt nämlich die erfahrene Leitstute, die ihren Orientierungssinn schon seit Jahren einsetzt, an.

Sicherheit in der Herde

In der Natur hat ein einzelnes Pferd keine Chance. Es würde es schlichtweg nicht schaffen, auf sich aufzupassen, genügend Futter zu finden, zum Wasserloch zu ziehen und auch noch ausreichend zu schlafen. Darum haben sich Pferde zu Herdentieren entwickelt. In der Herde können sie Aufgabenverteilung betreiben – einer wacht, die anderen fressen oder schlafen, einer führt, die anderen sichern – und ihr Bedürfnis nach Kommunikation befriedigen. Die Rangordnung gibt ihnen Sicherheit und im Zusammensein mit anderen Pferden fühlen sie sich geborgen.

Teamwork

Pferde sind Spezialisten für Teamwork – vor allem in Herden, die aufeinander eingeschossen sind und in denen die Rangordnung geklärt ist. Dabei verlassen sich die Pferde aufeinander. Der, der Wachdienst hält, weiß, dass er in absehbarer Zeit abgelöst wird. Der, der gerade frisst, kann sich darauf verlassen, dass andere auf ihn aufpassen.

Früh übt sich

Die „Jobs", die ein Pferd in der Herde abbekommt, sind nicht nur im Instinktprogramm verankert, sondern müssen geübt werden. Pferdekinder lernen spielerisch. Ihre angeborene Neugier lässt sie die Umgebung aufmerksam beobachten – wobei sie schon für den Wachdienst üben. Und dafür, dass sie in der Herde mitlaufen, sorgt die Mama.

In perfekter Formation

Zu den schönsten Bildern, die die Natur zu bieten hat, gehört der Anblick einer galoppierenden Pferdeherde. Auf den ersten Blick sieht es aus, als ob jedes Pferd darin einfach läuft, wie es ihm gefällt. Doch auf den zweiten sieht man Ordnung im Chaos. Pferdeherden sind synchronisiert wie Tanzformationen. Jeder kennt darin seine Position, jeder passt in jedem Moment auf die anderen auf – und so ist es für Pferdeherden kein Problem, ohne Rempeleien abzuwenden, Tempo aufzunehmen oder zu verlangsamen.

Dahinter steckt eine „Abwehrstrategie“: Pferdeherden schließen sich dann in Formation zusammen, wenn sie eine Situation als gefährlich empfinden. Dabei ist es wichtig, dass sie eng zusammen bleiben – dann wird es nämlich für ein hungriges Raubtier fast unmöglich, sich ein einzelnes Pferd aus dem Gewoge herauszusuchen und es anzugreifen. Des Weiteren dient die Formation auch dazu, die Schwächsten – nämlich die Fohlen – zu beschützen. Sie laufen an der Schulter der Mutter mit und werden fast immer noch an der Seite von einem anderen Pferd abgeschottet. Die beste Position haben die ranghohen Stuten – sie laufen vorne. Der Hengst hingegen hat die schlechteste: Er muss die Herde nach hinten decken.

WUSSTEN SIE?

- In der Natur sind Pferdeherden eher Kleinfamilien, die aus drei bis fünf Stuten plus Fohlen und dem dazugehörenden Herdenhengst bestehen.
- Bei Pferden herrscht Geschlechtertrennung. Stuten lassen nur einen Hengst zu. Die anderen schließen sich zu Junggesellenverbänden zusammen.

Herdenstruktur

Erinnern Sie sich noch an die Filme, in denen imponierende Hengste ihren Stutenharem mit Gewalt zusammenhielten? Diese Filme dürfen Sie vergessen. In der Pferdewelt herrscht nämlich das Matriarchat. Ein Hengst hat keine Chance, Stuten zu unterdrücken – die Damen können ja weglaufen.

Überhaupt ist „Gewalt“ kein Machtmittel im Herdenverband. Pferde prügeln sich durchaus einmal um die Rangordnung, doch um die Stellung als Alpha-Tier zu behaupten, braucht man mehr als Kraft. Pferde wollen von Erfahrung und sozialer Kompetenz überzeugt werden.

Ich bin der Boss!

Das Gesicht der Stute im Bild sagt es eindeutig: Sie ist das Alpha-Tier – und sie weiß es. Ihr Gesicht drückt Selbstbewusstsein und Stärke aus, das Wissen darum, dass sie die Autorität in der Herde ist und dass die anderen ihr gehorchen. Damit verbunden ist aber auch eine große Verantwortung. Sie weiß, dass sie sich keine Fehler leisten darf – die anderen hängen von ihr ab.

Der Underdog

Kennen Sie den Ausdruck „den Kopf einziehen“? Bei uns zieht den Kopf ein, wer nicht viel zu melden hat – und bei Pferden ist das nicht anders. Die Underdogs in der Herde machen sich optisch klein, indem sie den Kopf senken. Dabei legen sie durchaus einmal die Ohren an – Gefallen finden sie an ihrer Position ja meist nicht. Aber wer nimmt schon einen Underdog ernst?

Geh weg...

... ich kann dich nicht riechen! Pferde begrüßen sich, indem sie sich gegenseitig an der Nase beschnuppern. Was dem Schimmel zu dem Braunen einfällt, ist klar: Er droht ihm mit angelegten Ohren. Der Schimmel ist das ranghöhere Tier. Sonst würde er vor der Drohung auf Abstand gehen.

Volle Breitseite!

Fohlen haben es einfach in der Pferde-Hierarchie: Solange sie gesäugt werden, nehmen sie automatisch den Rang ihrer Mütter ein – und lernen sehr schnell, ihn gegenüber anderen Pferden zu verteidigen, wie der kleine Fuchs im Bild beweist. Er ist offensichtlich ein Prinz – Nachkomme einer ranghohen Stute. Als solcher muss er nicht um den rangniederen Braunen herumgehen, sondern kann ihn durch frontales Ansteuern der Breitseite – was man „treiben“ nennt – dazu auffordern, ihm auszuweichen.

Miteinander, gegeneinander, füreinander

Der Vorteil einer klaren Rangordnung ist, dass jeder genau weiß, wo er hingehört. Das gibt Sicherheit.
Allerdings muss eine Hierarchie erst einmal installiert werden – wozu man sich miteinander auseinander setzen muss. Der Vorteil bei Pferden ist jedoch, dass sie nicht nachtragend sind. Ist die Rangfrage erst einmal klar entschieden, beschränkt sich der Ranghöhere künftig auf ein kleines „Erinnerungs-Angiften". Und auch unter Pferden, die sich nicht besonders mögen, ist eines immer klar: Man passt dennoch aufeinander auf, denn vom funktionierenden Teamwork ist schließlich das Überleben des ganzen Verbandes abhängig.

Nickerchen in Sicherheit

Um sich Ruhe gönnen zu können, müssen Pferde sich absolut sicher fühlen. Und die größte Sicherheit, die es für sie geben kann, ist der Wachdienst der Herde. Normalerweise ist jeder mal mit Wachehalten an der Reihe – außer den Fohlen. Sie dürfen „ausschlafen".

Nervender Kumpel

Der Schutz der Herde nützt allerdings nicht viel, wenn der Spielkamerad kommt und nervt. Hier helfen weder Tante noch Mama: Vor dem muss sich das Fuchsfohlen selbst in Sicherheit bringen. Hier hilft nur: Ignorieren und weiterschlafen oder aufstehen und mitspielen.
Wenn man die Beine des Liegenden genau betrachtet, sieht man, dass er sich bereits aufrappelt.

Mittagsschlaf mit Fächer

Am besten döst es sich mit der Freundin Kopf an Po. Das hat zwei entscheidende Vorteile: Zum einen bietet der Po der anderen einen automatischen Fliegenwedel. Bei jedem Schweifschlagen werden die Fliegen vom Gesicht gewischt. So spart man sich das Schütteln und wird die kleinen Quälgeister dennoch los.

Zum anderen können sich keine Feinde von hinten anschleichen, da jede von ihnen einen anderen Blick- und Hörwinkel abdeckt. Die Absicherung ist nach allen Seiten gegeben und der Doppelpack ist sicher vor unangenehmen Überraschungen.

Außerdem fördert das miteinander Dösen den Zusammenhalt der Herde, festigt Pferdefreundschaften und befriedigt die sozialen Bedürfnisse nach Nähe.

WUSSTEN SIE?

- Pferde wollen nicht unbedingt „Chef“ werden. Zwar mögen sie es, in der Herde einen hohen Rang einzunehmen, doch wenn der Rang der Leitstute neu zu vergeben ist, reißen sich die bisherigen Stellvertreterinnen nicht darum.

Mir geht's gut

Woran erkennt man, dass ein Pferd sich wohl und sicher fühlt? Ganz einfach: Daran, dass es sich traut, am hellen Tag vor sich hin zu dösen. Typisch dafür ist, dass ihnen dabei fast das Gesicht auseinander fällt: Die Ohren hängen, die Augenlider werden schwer und sinken auf Halbmast-Stellung, die Maulpartie entspannt sich, die Unterlippe fällt nach vorne. Jetzt bitte nur sanft ansprechen – Pferd träumt vermutlich von Karotten satt!

Nahrungsaufnahme

Wie alle Lebewesen müssen auch Pferde ständig ihre Grundbedürfnisse – Fressen, Ruhen, Fortpflanzen – gegeneinander abwägen. Dabei ist Fressen das Bedürfnis, das am meisten Zeit kostet. Dafür, dass sie sich zu superschnellen Fluchttieren entwickelt haben, mussten sie nämlich einen Preis zahlen: Zum einen ist ihr Energiebedarf recht hoch, was einen sehr effizienten Verdauungsapparat erfordert, zum anderen ist ihr Magen relativ klein. In der Natur, wo ihnen kein Kraftfutter zur Verfügung steht, ergibt sich daraus, dass sie mindestens die Hälfte eines Tages mit Fressen zubringen.

Aber bitte mit Abstand!

Pferde sind futterneidisch – und das ist auch kein Wunder, denn in der Natur ist der Tisch selten üppig gedeckt. Deswegen halten Pferde beim Fressen üblicherweise ein wenig Abstand voneinander. Dadurch haben auch die rangniederen Pferde die Chance, in Ruhe fressen zu können. Jedes hat seine eigene Zone – und dringt ein anderes Pferd in sie ein, werden sofort die Ohren angelegt.

Und weiter geht's

Das Revier einer Pferdeherde in der freien Natur umfasst ein weites Areal und wird systematisch abgeweidet. Die Leitstute weiß über die Jahre, wo es wann in welchem Gebiet schmackhaftes Futter und Wasser gibt – und sie führt ihre Herde von Fressplatz und Tränke jeweils zur nächsten saftigen Wiese.

Eigene Erfahrung

Fohlen beknabbern so ziemlich alles, was ihnen vor die neugierige Nase kommt – und das ist wichtig, denn auf diese Art sammeln sie eigene Erfahrungen darin, was essbar ist, was schmeckt, was satt macht und was man besser meiden sollte.
Dabei reicht das Spektrum des „Essbaren" weit über Gras und Kräuter hinaus. Büsche und Bäume zum Beispiel können für Pferde sehr interessant sein. Die Rinde – obwohl sie gerne beknabbert wird, weil sie durch das darin enthaltene Tannin bitter schmeckt und Pferde Bitterstoffe mögen – ist zwar nicht besonders nahrhaft, aber dafür bieten junge Zweige über die Blätter hinaus eine ganze Menge Nährstoffe. Pferde sind sehr geschickt darin, Birkenzweige vom Baum zu angeln, die saftige Rinde abzuschälen und genießen zum Beispiel die sich daraus ergebenden süßen „Birken-Rinden-Spaghetti" als tollen Leckerbissen.

WUSSTEN SIE?

- Wasserstellen gelten als „neutrale Zonen", in der Beutegreifer und Beutetiere friedlich nebeneinander trinken. Eine Löwin scheint zu „wissen", dass ihr eine wegen Wassermangel kraftlose Zebraherde die Jagd nur kurzfristig erleichtern würde. Sie würde aussterben – und die Löwin würde verhungern.

Neugier

Wenn Pferdemütter reden könnten, gäbe es einen Satz, den sie ihren Kindern vermutlich nie sagen würden: „Sei doch nicht so neugierig!“

Neugier ist für Pferde eine sehr wichtige Eigenschaft. Sie ermöglicht es ihnen, Erfahrungen zu sammeln und Situationen besser einschätzen zu können. Das spart Kraft. Wer schon einmal die Erfahrung gemacht hat, dass eine Schubkarre auf der Koppel völlig ungefährlich ist, muss nicht mehr weglaufen, wenn er sonst wo eine sieht. Wer einmal die Erfahrung machen durfte, dass man sich im Wasser spiegelt, muss sich nicht mehr überlegen, ob er trotz des komischen Tiers im Wasser an der Stelle trinken kann.

Wer bist du?

Stellen Sie sich vor: Sie sind in Connemara in den Bergen unterwegs und begegnen einer der wilden Ponyherden. Wie, meinen Sie, werden die Fohlen – die teilweise noch nie einen Menschen gesehen haben – auf Sie reagieren?

Es hängt von Ihnen ab. Wenn Sie sich ruhig annähern, haben Sie eine gute Chance, dass das selbstbewussteste der Pferdekinder zu Ihnen kommt. Davor aber wird es Sie erst einmal genau anschauen. Nur wenn es sicher ist, dass Sie kein potenzieller Fressfeind sind, wird es seiner Neugier freien Lauf lassen und näher kommen. Dabei wird es ausgesprochen vorsichtig sein – eine falsche Bewegung kann es schon erschrecken und in die Flucht treiben. Der Neugier des Pferdes steht nämlich immer seine angeborene Skepsis vor dem Fremden und potenziell Gefährlichen gegenüber.

WUSSTEN SIE?

- Neugier hat immer auch mit Intelligenz zu tun. Neugier macht nämlich nur dann Sinn, wenn sie mit Lernfähigkeit verbunden ist – und was das angeht, sind Pferde ziemlich gut.

Neugierige Youngster

Neugier ist fast immer mit Spielfreude verbunden – und beide Eigenschaften sind typisch für junge Tiere. Bei den Pferden sind die Fohlen und Jährlinge am neugierigsten. Sie müssen alles beäugen und beriechen und beknabbern, denn sie sind es schließlich, die Erfahrungen sammeln müssen, um fürs Leben als erwachsene Pferde fit zu sein.

Erfahrungsaustausch

Auch wenn Pferde nicht miteinander reden können, sind sie durchaus fähig, Erfahrungen miteinander auszutauschen. Dieser Austausch erfolgt durch „Vormachen“ und voneinander Abgucken.

Die Situation im Bild hier ist dafür typisch: Die Jährlinge haben, bevor sie sich dem fremden Objekt annäherten, abgecheckt, ob es ihrem im Instinktprogramm abgespeicherten Feindschema entspricht. Das war offensichtlich nicht der Fall. Nun untersuchen sie das „UFO“ auf ihrer Koppel – wobei sie nicht nur das Leichtflugzeug betrachten, sondern sich auch gegenseitig im Auge behalten. Findet der eine etwas besonders interessant, guckt auch der andere genau hin.

Fluchtverhalten

Wenn eine Pferdeherde sich in die Flucht schlägt, geht es so schnell, dass wir Menschen nicht nachvollziehen können, was davor an Kommunikation abgelaufen ist. Manchmal sieht es sogar so aus, als ob es nur das Erschrecken eines Pferdes brauche, um die ganze Herde aufzuscheuchen. Dem ist aber nicht so. Flucht ist kraftraubend – und Pferde müssen sparsam mit ihren Ressourcen umgehen. Eine Herde, die immer sofort durchstartet, wenn ein Mitglied unruhig wird, würde sich zu sehr erschöpfen. Daher geht einer Flucht immer eine herdeninterne Kommunikation voraus: Der Wachposten wird unruhig, die Pferde in seiner Umgebung bemerken es. Bevor die ganze Herde jedoch losgaloppiert, muss die Leitstute das Signal geben.

Einer rennt...

... und die anderen lassen sich dabei nicht beim Fressen stören. Der Eine, der auf dem Bild rennt, ist nämlich ein Fohlen – und das kann noch nicht einmal durch eine panikartige Flucht das Mitlaufen der ganzen Herde auslösen.

Innerhalb des Familienverbands kennt man sich nämlich – und man kann sich einschätzen. Die Führungspersönlichkeiten wissen, dass Fohlen oft wegen Kleinigkeiten losgaloppieren, sie kennen die jeweilige „Paniktoleranz“ ihrer Wachposten und sie haben so viel Autorität bei ihren Mitpferden, dass ihre Ruhe sich auf die anderen überträgt.

WUSSTEN SIE?

- Nicht jeder Abmarsch im Galopp ist eine Flucht. Pferde haben ein ausgeprägtes Bewegungsbedürfnis – und rennen daher schon einmal zum Spaß.
- Besonders in den Morgen- und in den Abendstunden ist ein wenig „Lauftraining“ angesagt.
- Auf der Flucht kann eine Herde bis zu 45 km/h schnell werden.

Jetzt aber los!

Auf dem Bild oben hat sich die Herde entschlossen, einer potenziell gefährlichen Situation durch Flucht auszuweichen. Die Mitglieder drängen sich eng zusammen und bringen sich in vollem Galopp aus der Gefahrenzone.

Panik? Nein, danke!

Es liegt in der Natur der Sache: Flüchtende Pferde haben Angst – sonst würden sie ja nicht flüchten. Außerdem „brauchen“ sie die Angst. Sie sorgt dafür, dass genug Adrenalin in den Körper gepumpt wird, um die Fluchtleistung zu ermöglichen. Das heißt aber nicht, dass Pferde in kopfloser Panik losstürmen. Eine solche könnte kontraproduktiv sein: Man würde sich gegenseitig anrempeln, stolpern oder sich verletzen – und damit wäre man dann leichte Beute für den, der die Flucht ausgelöst hat. In absolute Panik geraten Pferde nur, wenn sie von Menschen getrieben werden. Im Gegensatz zu Raubtieren, die schnell aufgeben, weil sie bei gesunden Pferden keine Chance haben, treiben Menschen Pferde nämlich über die übliche Kurzflucht-Distanz hinaus.

Paarung & Nachwuchs

Evolutionsbiologen sind heute der Ansicht, dass alles Leben in der Natur auf ein Ziel ausgerichtet ist: Fortpflanzung. Die Weitergabe der Gene ist der „Zweck" des Lebens, auf den alle Instinkte ausgerichtet sind. Und der „Egoismus der Gene" geht sogar so weit, dass unter gewissen Umständen das eigene Überleben zweitrangig werden kann. Mutterstuten sind sogar dazu bereit, sich für ihr Fohlen mit einem Raubtier anzulegen. Pferde betreiben nämlich viel Aufwand mit ihrer Fortpflanzung – und müssen das „Produkt der Mühe" dementsprechend schützen.

Frühlingsgefühle

Die Paarungszeit der Pferde ist im Frühjahr. Zwei Wochen nachdem das Fohlen geboren wurde – in unseren Breitengraden meist im März/April –, wird die Stute wieder rossig. Frei laufende Stuten vermelden das dem Hengst. Sie setzen vermehrt Urin ab und fordern ihn durch Rufe und Zeigen ihrer angeschwollenen Vagina zur Paarung auf.

Toller Typ

Wer als Hengst zum Zug kommen will, muss die Stute davon überzeugen, dass er nicht nur tolle Gene hat, sondern außerdem fähig ist, sie und das Fohlen zu beschützen. Darum gehört zum Liebesspiel das Imponiergehabe des Hengstes. Er paradiert vor der Stute über die Koppel, riecht an ihrem Urin – und zeigt dabei alle Muskeln, die er zu bieten hat.

Damenwahl

Je mehr Hengst eine Stute in der Rosse abbekommt, desto mehr wird ihr Hormonhaushalt angeregt. Daher sorgen Stuten dafür, dass sich die Pferdeherren ausführlich mit ihnen beschäftigen. Schon Tage vor der Hochrosse, in der sie sich decken lassen, kokettieren sie mit dem Hengst und fordern in immer wieder zur Annäherung auf.

Darf ich?

Bevor das Ei der Stute wirklich zur Befruchtungsfähigkeit herangereift ist, hat der Hengst keine Chance, sie zu bespringen. Allerdings gibt sie ihm Gelegenheit, ihre Paarungsbereitschaft zu überprüfen. Sie „zeigt sich", wie Züchter sagen – sie bleibt stehen, wenn er an ihrer Kehrseite riecht und hebt dazu den Schweif.

Herzliches Zwicken

Pferde „flirten" recht intensiv. Neben dem Imponieren gehören auch das aneinander Riechen, sich Belecken, Mähnekraulen und ein herzhaftes in den Hintern zwicken dazu. Knapst der Hengst zu, wird das Verhalten oft durch ein heftiges Quieken auf der weiblichen Seite quittiert. Ist die Stute noch nicht paarungsbereit, muss er sich vor ihren Hinterbeinen in Acht nehmen.

Paarung

Eigentlich könnte man Hengste bemitleiden. Sie kommen nur im Frühling zum Decken und selbst dann müssen sich zumindest die, die in der Natur ein freies Pferdeleben führen, mächtig anstrengen, um überhaupt zum Zug zu kommen. Dem eigentlichen Akt – den die Stute nur in zwei, drei Tagen der Hochrosse zulässt – und der nur ein kurzes Vergnügen ist, geht ein tagelanges Vorspiel voraus, bei dem sich der Herr von seiner besten Seite zeigen muss. Er sollte die Stute keine Sekunde aus dem Auge lassen, damit ihm nicht ein Rivale zuvorkommt. Und wenn er durfte, muss er aufpassen – sobald die Rosse vorbei ist, schlägt sie ihn energisch ab.

Stehen geblieben

Nach tagelangem Vorspiel ist das Follikel der Stute befruchtungsreif. Nun „steht" sie, wie der Züchter sagt – sie dreht sich nicht mehr ab, wenn der Hengst an ihr riecht, sie schlägt nicht mehr nach ihm und sie quiekt auch nicht mehr, wenn er sie beknabbert. Stattdessen präsentiert sie sich in „Bockstellung", wenn der Hengst sich annähert. Sie stellt die Vorderbeine unter den Körper, stemmt die Hinterbeine nach hinten in die Erde, um das Gewicht des Hengstes aufnehmen zu können und hält den Schweif zur Seite. Auf diese Art verkündet sie ihre Paarungsbereitschaft.

Allerdings: Ein kluger Hengst nähert sich der Stute dennoch mit einiger Vorsicht. Er hat nämlich in den Tagen davor die Erfahrung gemacht, dass sie immer noch zickig reagieren und ihn unter Einsatz von Zähnen und Hufen energisch wegtreiben kann. Zudem sind leidenschaftliche Raubeine bei Stuten nicht beliebt. Sie erwarten ein Beknabbern und Schmusen von den Hengsten – sonst bleiben sie nicht stehen.

Mach mir den Hengst

Eine Menschenfrau, die eine solche Aufforderung an ihren Liebhaber ergehen lässt, beweist damit, dass sie nicht viel Ahnung von Pferden hat. Der eigentliche Deckakt beim Pferd geht nämlich relativ schnell vonstatten und scheint für die Stute nicht unbedingt ein Vergnügen zu sein.
Der Hengst springt von hinten auf, verfrachtet sein Geschlechtsorgan in die dafür von der Natur vorgesehene Öffnung, beißt zum „Festhalten“ in den Hals der Stute und samt nach wenigen Stößen ab – oft mit einem sehr zufriedenen Grunzen. Damit hat es sich. Allerdings nicht für lange: Während der zwei- bis dreitägigen Hochrosse deckt ein Hengst die Stute bis zu zwölfmal am Tag.

WUSSTEN SIE?

- Auch für Hengste ist die Fortpflanzung eine aufwendige Angelegenheit. Sie produzieren relativ wenig Ejakulat, dafür aber sehr hochwertiges.
- In der heute üblichen künstlichen Besamung reicht eine Portion Hengstsamen, um vier Stuten zu befruchten.

Geburt

In der Natur gilt auch für die Fortpflanzung, dass man sie möglichst effizient erledigen sollte. Dafür haben sich zwei verschiedene Konzepte entwickelt. Das eine folgt dem Quantitativ-Prinzip: Die Ressourcen werden dafür eingesetzt, möglichst viele Nachkommen in die Welt zu setzen und dann darauf zu hoffen, dass ein paar von ihnen durchkommen. Das andere Konzept setzt auf Qualität: Alle Kräfte werden dafür eingesetzt, wenige, aber sehr gut entwickelte und damit im Überlebenskampf bevorteilte Nachkommen zu gebären.
Pferde folgen dem Qualitäts-Prinzip. Eine Stute trägt elf Monate, um dann ein Fohlen zu gebären, das mehr als ein Drittel seiner Endgröße mit auf die Welt bringt und schon am ersten Lebenstag fluchtfähig ist.

Die Geburt

Während der Geburt ist eine Stute extrem gefährdet – darum muss es sehr schnell gehen. Tatsächlich dauert ein reguläre Pferdegeburt selten länger als zehn Minuten. Die Stute legt sich nieder, die Fruchtblase platzt – und fast sofort erscheinen die Vorderbeine des Fohlens, auf denen der Kopf liegt. Der Rest flutscht nach wenigen Wehen nach.

Bitte aufstehen!

Eine Pferdegeburt ist für Mutter und Kind anstrengend, doch das ändert nichts daran, dass beide danach schnell auf die Beine kommen müssen. Dabei ist es für das Fohlen nicht einfach, seine langen Beine zu sortieren, aufzustehen und zu balancieren. Doch gesunde Pferdekinder schaffen das schon in der ersten halben Stunde nach der Geburt.

Auf der Suche

Nach dem Aufstehen kommt für das Fohlen die nächste wichtige Aufgabe: Es muss ganz schnell das Euter der Mutter finden, um die überlebensnotwendige Kolostralmilch zu trinken. Dabei wissen Fohlen nur, dass die Quelle in einem „Winkel" steckt – wo genau, müssen sie erst durch Versuch und Irrtum herausfinden, wobei ihnen die Mütter gerne durch Stupsen helfen.

Das erste Kennenlernen

Junge Stuten, die zum ersten Mal ein Fohlen gebären, scheinen manchmal geradezu erstaunt über das kleine Wesen zu sein, das da plötzlich neben ihnen steht. Aber glücklicherweise haben sie ein Instinktprogramm, das ihnen sagt, wie sie damit umgehen müssen. Das beginnt damit, dass sie ihr Fohlen sofort auffordern, aufzustehen – und es während und danach ausführlich beschnuppern, beknabbern und belecken. Früher glaubte man, dass das Lecken dazu diene, den Blutkreislauf des Fohlens anzuregen. Heute weiß man, dass es dabei um etwas viel Elementareres geht: Die Stute muss ihr Kind kennen lernen. In diesen ersten Stunden nach der Geburt baut sie ihre Bindung zum Fohlen auf. Das Fohlen unterdessen ist noch nicht sonderlich an ihr interessiert.

Fohlenkindergarten

Pferde sind soziale Wesen – und ihr Sozialprogramm ist so differenziert und subtil, dass es nicht komplett im Instinktprogramm verankert werden kann. Ein Versuch hat einst ergeben, dass ein Fohlen, das ohne Kontakt zu anderen Pferden aufwächst, nicht einmal weiß, dass es ein Pferd ist – geschweige denn, dass es wüsste, wie es sich als Pferd unter Pferden zu benehmen hat.
Um all das zu lernen, braucht ein Pferdekind den Kontakt zur Mutter – und zu anderen Pferden in der Herde. Sein erstes halbes Jahr dient dazu, Sozialverhalten zu erlernen.

Vor der Prägung

Pferdekindern ist das Wissen, wer und was die Mutter ist, nicht angeboren. Sie brauchen etwa zwei Wochen, bis sie auf ihre Mutter geprägt sind. In dieser Zeit laufen sie noch nicht mit ihr mit – es ist die Aufgabe der Stute, das Kind bei sich zu halten.

Hallo, Mama!

Ist die Prägungsphase erfolgreich beendet, scheint das Fohlen erst einmal für einige Tage geradezu an Mutters Schulter zu kleben. Wohin sie geht – das Baby bleibt immer auf Tuchfühlung und folgt ihr auf Schritt und Tritt.
Dabei reicht die Prägung vermutlich weit über das Zusammenbleiben hinaus. Das Aussehen der Mutter bestimmt das Bild des jungen Pferdes – was bei Urpferden ja durchaus Sinn gemacht hat. Sie sahen sich alle sehr ähnlich.

Im Kindergarten

Die Mutterstute hat einen wichtigen Einfluss auf das Leben eines Fohlens. Doch genauso wichtig ist der Rest der Herde – angefangen von den „Tanten", die dem Fohlen zum Beispiel Lektionen wie „Abstandhalten" und „Rangordnung" beibringen bis zu den gleichaltrigen Spielgefährten, mit denen Sozialverhalten eingeübt wird.
Dabei zeigen die Pferdeyoungster alles, was ein erwachsenes Pferd nachher braucht. Die Stütchen üben sich im Fellkraulen – später ein wichtiges Bonding-Ritual. Die Pferdeknaben unterdessen üben raufend, sich als Hengst gegen andere durchzusetzen.

Komm, spiel mit mir!

Erwachsene Pferde brauchen viel Zeit zum Fressen. Fohlen sind dagegen bevorzugt: Sie werden von der Mutter mit hochkonzentrierter Kraftnahrung versorgt. Daher bleibt ihnen viel Zeit, miteinander zu spielen.
Die typische „Spielaufforderung" sieht immer gleich aus: Ein Fohlen stellt den Puschelschweif und stupst den anderen an. Die Reaktion darauf ist üblicherweise ein Schweifwedeln und aus dem heraus folgt dann oft ein gemeinsames Rennen, eine Schmuserunde oder eine kleine Rauferei.

Pferdeverhalten

Wer sagt denn, dass man Worte braucht, um miteinander zu kommunizieren? Pferde sind der lebende Beweis, dass es auch ganz ohne geht. Sie sind Meister in der Kommunikation, sie pflegen einen sehr differenzierten Umgang miteinander – ganz ohne Worte. Dafür haben sie ein breites Spektrum an Körpersprache, Duftsignalen und Geräuschen. Und wie subtil sie miteinander umgehen, zeigt sich darin, dass für sie Pferd nicht gleich Pferd ist. Sie pflegen ausgesprochen enge Freundschaften – und oft auch ebenso definierte Abneigungen.

Ganz nah

Wie erkennt man, ob zwei Pferde sich mögen? Ganz einfach: Man beobachtet sich beim Fressen. Miteinander befreundete Pferde geben nämlich die Distanzzone auf. Sie rücken einander so nahe, dass sie fast Nasenkontakt beim Grasen haben. Freundschaft bei Pferden ist nämlich so vertraut, dass es noch nicht einmal des Hinguckens bedarf, um sich synchron bewegen zu können.

Wer bist du?

Haben Sie schon einmal Ihre Nase gegen die Ihres Pferdes gelegt? Versuchen Sie es mal! Dabei werden Sie feststellen, dass dort der Eigengeruch des Pferdes am ausgeprägtesten ist. Tatsächlich sitzen in der Nasenregion spezielle Drüsen, die den Individualduft ausströmen – und deswegen begrüßen und identifizieren sich Pferde, indem sie sich gegenseitig an der Nase riechen.

WUSSTEN SIE?

- Pferdefreunde erkennen sich auch nach Jahren der Trennung wieder.
- Ob zwei Pferde sich mögen, entscheidet sich in den ersten Minuten. Entweder man kann sich riechen – oder nicht. Daran ändert sich normalerweise auch mit der Zeit nichts mehr.

Zärtlichkeiten

Wie bei uns Menschen, gibt es auch bei Pferden „Bonding-Rituale“, mit denen Freundschaften bestätigt und gefestigt werden. Eines der wichtigsten ist das gegenseitige Kraulen. Dafür stellen sich Pferde eng nebeneinander – und dann wird liebevoll mit den Zähnen und Lippen am Widerrist des anderen geknabbert.

Gleich und gleich?

In manchen Herden sieht es so aus, als ob Pferde sich besonders gern Freunde suchen würden, die ihnen ähneln. Dabei meinen Hippologen sogar schon eine gewisse „Farbpräferenz“ beobachtet zu haben, die sich zum Beispiel so auswirkt, dass ein großer Schimmel sich lieber mit einem Ponyschimmel befreundet als mit einem gleich großen Braunen. Gleichzeitig aber gibt es Pferdefreunde, die in Farbe und Größe sehr unterschiedlich sind. Das Geheimnis dahinter dürfte vermutlich die Mutterprägung sein. Die Mutterstute ist das erste Pferd, das ein Fohlen als solches erkennt – und vermutlich ist die Mutterstute das Pferd, das den „Begriff“ Pferd für das Fohlen prägt, so dass es sich sein Leben lang Freunde sucht, die seiner Mutter und damit seinem „Pferdeideal“ ähneln. Das kann dann dazu führen, dass ein Fuchs nur Schimmel liebt.

Pferdespiele

Für Verhaltensforscher ist es heute klar: Spieltrieb ist das Zeichen höherer Intelligenz. Kapazität zum Spielen hat nämlich nur, wer in seinem „Alltagsleben" nicht seine komplette Intelligenz auslastet. Pferde haben einen ausgesprochenen Spieltrieb. Selbst als Erwachsene können sie sich noch spielend miteinander amüsieren und dabei das ganze Repertoire ihres Artverhaltens zeigen. Doch natürlich sind es auch bei Pferden die Kinder, die am verspieltesten sind. Und unter ihnen sind es eindeutig die Jungs, die dabei am meisten „action" veranstalten. Pferdemädchen „zicken" subtil und meist nur sehr kurz miteinander, während Knaben ständig und ausführlich damit beschäftigt sind, sich zu raufen.

Raufende Jungs

Der Fuchs im Bild oben hat ganz eindeutig eine kleine Rauferei im Sinn. Er umkreist den Kameraden mit aufgewölbtem Hals, wobei er die Individualdistanz, die Pferde normalerweise zueinander einhalten, unterschreitet. Er kommt dem anderen bis zum Anrempeln nahe – und weiß dabei genau, dass der Kumpel jetzt gleich reagieren wird.

Zickenalarm

Pferdemädchen müssen nicht so „eindeutig" vorgehen wie Pferdejungs. Bei ihnen reicht es, wenn eine gerade ein wenig giftig ist und beim gegenseitigen Beriechen quietscht. Ist die andere in entsprechender Laune, entsteht daraus eine kleine Beißerei, wobei es durchaus einmal richtige Kratzer im Gesicht geben kann.

Wer ist der Größte?

Die ultimative „Waffe“ des Hengstes sind seine Vorderhufe. Im Rangkampf wie auch als Abwehr steigt er, womit er gleich zwei Effekte erzielt: Er imponiert durch Größe und er kann die Vorderhufe einsetzen.

Hinten kneifen …

… ist die Taktik der Hengste, während Stuten vorne zuschlagen. Sie müssen nämlich nicht imponieren wie Hengste, sondern schlagen den Angreifer möglichst effizient ab, wobei sie fluchtbereit bleiben sollten.

Schweifpeitschen

Mit dem Schweif kann ein Pferd einiges ausdrücken – und der peitschende Schweif des Fuchses im Bild ist ein eindeutiges Signal an den Gefährten: „Achtung – ich greife jetzt an!“ Auch bei erwachsenen Pferden bedeutet ein peitschender Schweif Unmut.

Beinzwicken

Zu den typischen Kampftaktiken der Pferde gehört auch der Beißangriff aufs Karpalgelenk des Gegners. Pferdebeine sind empfindlich – weswegen ein Pferd, das im Beißspiel unterlegen ist, sich schnell zurückziehen wird.

Pferdelaunen

Erinnern Sie sich noch an die Geschichte vom „Reiz-Reaktions-Schema“? Dass es so einfach nicht sein kann, beweisen die Pferde mit etwas, was keinem, der mit ihnen umgeht, lange verborgen bleibt: Sie haben ausgeprägte Vorlieben und Abneigungen. Und mehr noch: Pferde haben Launen. Am einen Tag sind sie übermütig, verspielt und fröhlich. Am nächsten haben sie vielleicht schlecht geschlafen oder das Frühstück hat nicht geschmeckt. Dann können sie muffelig und sogar angriffslustig sein. Und schließlich läuft auch bei Pferden manchmal etwas schief. Der Freund ist nicht mit auf der Koppel – das kann ein Grund sein, traurig am Zaun zu stehen.

Hau ab!

Dass der Fuchs im Bild nicht sonderlich gut gelaunt ist, wird auf den ersten Blick deutlich. Ihm passt die Annäherung des Braunen an seine Koppel nicht – und dementsprechend droht er mit aufgewölbtem Hals, angelegten Ohr und stampfendem Tritt. Die Bedeutung seiner Drohung ist eindeutig: „Bleib bloß weg! Sonst kriegst du eine gefeuert!“

Du nervst!

Auch dieser Herr ist nicht eben „gut drauf“. Sein Hals und sein ganzes Gesicht sind angespannt, die Lippen sind fest geschlossen und die Ohren zeigen schon in „Halb-Drohstellung“ nach hinten. Die Botschaft geht eindeutig an denjenigen, der ihm zu nahe kommt: „Lass das! Du gehst mir auf die Nerven!“

Lass mich in Ruhe!

Eigentlich wäre der Schimmelstute nach dösen. Doch nun kommt der Braune daher – was Schimmelchen nicht gefällt. Noch ist sie zu müde, um ihre Meinung deutlich zu zeigen. Die Ohren sind „indifferent", das Maul entspannt. Der Braune weiß noch nicht, was er damit anfangen soll – seine Ohren bleiben freundlich vorne.

Muss ich deutlich werden?

Der Braune hat die subtile Aufforderung, sich zu verdrücken, nicht verstanden – worauf die Schimmelstute beschlossen hat, deutlicher zu werden. Sie klappt die Ohren ganz zurück und deutet sogar Beißbereitschaft an. Die Reaktion folgt prompt: Der Braune klappt die Ohren in einer angedeuteten Demutsgeste zur Seite, schlägt aber dabei ein wenig unwillig mit dem Schweif.

Schluss jetzt!

Jetzt wird es der Schimmelstute zu bunt. Sie verstärkt ihre Drohgeste, indem sie den Braunen in die Distanz treibt – mit gedrehtem Kopf, die Ohren vollkommen angelegt und mit gebleckten Zähnen. Der Braune hat nun die Wahl: Angreifen – oder gehen? Seine Ohren sagen, dass er nicht aggressiv ist. Er wird sich gleich zurückziehen.

Demutsgesten

Der große Pferdemann Clemens Laar hat einmal geschrieben: „Das Pferd ist kein Geschöpf des Zornes; es ist eines der Kraft und des Mutes und vor allen Dingen der Milde, der Zärtlichkeit, der Güte und der Liebe.“
Die Bilder auf den vorherigen Seiten scheinen dem Zitat zu widersprechen. Sie zeigen eine Menge rangelnder, drohender und aggressiver Pferde.
Laar hatte aber dennoch Recht. Obwohl Pferde durchaus fähig und willens sind, sich gegeneinander zu behaupten und durchzusetzen, obwohl sie in Rangstreitigkeiten mit Zähnen und Hufen aufeinander losgehen, kommt es in der Natur praktisch nie vor, dass Pferde einander wirklich verletzen. Bei allen Auseinandersetzungen bleibt es meist bei ein paar Kratzern, die ein gesundes Pferd mühelos verkraften kann.
Der Grund dafür ist, dass Pferde immer wissen, wann es genug ist – und das machen sie dem anderen gegenüber deutlich.

Unterlegenheitskauen

Wer Manieren und den Umgang miteinander erst lernen muss, läuft schon einmal Gefahr, einen Fauxpas zu landen. Das ist bei Pferdekindern nicht anders als bei uns. In ihrer Flegelzeit verstoßen sie – manchmal aus purem Übermut, manchmal aber auch einfach aus Schusseligkeit – gegen so ziemlich jede gesellschaftliche Konvention in der Pferdeherde. Doch dafür beziehen sie selten richtig Prügel.
Pferdekinder lernen nämlich sehr schnell, was die Drohung eines erwachsenen Pferdes bedeutet – und sie wissen, wie man sich entschuldigt. Signalisiert ihnen ein erwachsenes Pferd Unmut, zeigen sie das so genannte „Unterlegenheitskauen“: Mäulchen auf und Kiefer seitwärts bewegen.

Entschuldigung!

Unterlegenheitskauen ist nicht die einzige „Befriedungs"-Geste, die Pferde im Programm haben. Die Ohren seitlich wegzuklappen und sich durch Kopfsenken „klein zu machen" wirkt genauso – und beides, das Unterlegenheitskauen als auch die Demutsgeste, bewirken ein sofortiges Einstellen aller Kampfhandlungen beim Gegenüber. Das Unterlegenheitskauen wirkt als Signal „Ich bin noch ein Baby – ich weiß es nicht besser". Das „Kleinmachen" besagt: „Okay, ich sehe ein – du bist stärker." Beides wirkt besänftigend. Dabei reicht das „Kleinmachen" sogar, einen wütenden Hengst im Angriff zu stoppen. In dem Moment, in dem ihm sein Gegner die Überlegenheit zugesteht, in dem er den Kopf senkt und ausweicht, wendet er seine Aggression nicht mehr gegen ihn und lässt ihn ohne Nachsetzen abziehen. Voraussetzung ist aber immer, dass die beiden Gegner genug Platz haben, um sich auszuweichen.

WUSSTEN SIE?

- Rangkämpfe unter Stuten sind meist kurz und schmerzlos. Ein wenig Drohen, ein bisschen Beißen, dann zeigt die Unterlegene eine Demutsgeste und der Kampf ist beendet.
- Unterlegenheitskauen ist typisch für Fohlen. Erwachsene Hengste und Stuten zeigen die Geste fast nie. Nur Wallache neigen manchmal dazu – sie sind innerlich noch Kind.

Begegnungen

Auch wenn Pferde in der freien Wildbahn in Familienverbänden leben, ist ihnen die Begegnung mit fremden Pferden vertraut. Zum einen grenzt das Revier einer Pferdeherde meist an das einer anderen und zum anderen findet unter den Mitgliedern von Herden Austausch statt. So wechseln zum Beispiel rangniedere, junge Stuten gerne den Verband, wenn sie sich davon einen Aufstieg versprechen. Auch Hengste haben keinen verbrieften Stammplatz in der Herde. Ganz im Gegenteil: Bei Pferden herrscht Damenwahl. Ein Hengst wird nur so lange als Beschäler und Herdenmitglied akzeptiert, solange seine Damen glauben, dass er seinen „Job" als Beschützer kompetent erledigt. Kommen Zweifel auf, schauen sie sich nach einem neuen Hengst um.

Eine neue Bekanntschaft

Wir haben es bereits festgestellt: Pferde sehen, hören und riechen besser als wir Menschen. Und sie sind neugierig. Allerdings: Wie aufgeschlossen sie für neue Bekanntschaften sind, ist in der Natur von einigen Faktoren abhängig – wie zum Beispiel davon, wie gefestigt der Familienverband ist, in dem sie leben und welchen Platz sie in der Hierarchie einnehmen.

Ein Verband, der schon eine ganze Weile zusammen ist, hat meist seine Optimalgröße – er besteht aus genau so vielen Pferden, wie das zu ihnen gehörige Revier verkraften kann. Um diese Kopfzahl zu halten, müssen aber immer wieder rangniedere Familienmitglieder „auswandern". Sie schließen sich dann Herden an, die sich erst vor einiger Zeit zusammengeschlossen haben und denen für den effizienten Wachdienst noch Mitglieder fehlen. Dabei kommt es vor allem auf Sympathie an. Wenn eine Herde mit freiem Platz und ein auswanderungswilliges Pferd zusammentreffen, schaut man sich sehr genau an.

Vorsichtige Annäherung

Auch bei Pferden ist es meist so, dass einer den Anfang machen muss. In diesem Fall ist es der Fuchs, der dem noch etwas skeptischen Braunen hinter dem Zaun einen „Antrag“ macht. Er nähert sich vorsichtig, aber mit deutlichem Imponiergehabe. „Schau, wie fit ich bin“ scheint seine Körpersprache auszudrücken.

Riechtest

Zwei Pferde, die sich nicht kennen, müssen sich einander vorstellen. Dazu machen sie den „Riechtest“. Sie beschnüffeln die Zone an der Nase des anderen, an der der Individualgeruch besonders ausgeprägt ist. Dabei sind die Gesichter neutral. Erst, wenn sie sich berochen haben, entscheiden sie, ob sie einander sympathisch sind.

WUSSTEN SIE?

- Weil Pferde in menschlicher Obhut ein üppiges Futterangebot haben, sind sie fast immer an neuen Bekanntschaften interessiert. Für ihre Herdengröße gibt es praktisch keine Begrenzung.
- Wenn's bei Pferden nicht gleich mit der Freundschaft klappt, wird's meist nichts.
- Hengste haben mit platonischer Freundschaft nichts am Hut. Sie betrachten jeden anderen Hengst als potenziellen Rivalen, der bei Annäherung sofort verprügelt und vertrieben werden sollte. Mit Stuten können sie sich eher anfreunden.

Lautsprache

Die meisten Pferde sind eher schweigsame Zeitgenossen. Großes „Gerede" oder gar Geschrei ist nicht ihr Stil. In ihnen steckt nämlich immer noch der Instinkt des Urpferdes – und die wussten, dass man mit einem hohen Geräuschpegel nur unnötig Fressfeinde auf sich aufmerksam macht. Doch das heißt nicht, dass Pferde nicht über ein breites Repertoire an Lautäußerungen verfügen. Ihr Spektrum reicht vom zufriedenen Schnauben über leises Seufzen zum glücklich-erwartungsvollen Ruffeln – einem Brummen, das ganz tief aus der Brust zu kommen scheint – bis hin zum lautstarken Wiehern.
Und wer die Ohren spitzt, kann sogar feststellen, dass Pferdestimmen so individuell wie Menschenstimmen sind.

Begrüßungswiehern

Wie fein ist Ihr Gehör? Wenn es wirklich gut ist, werden Sie wahrscheinlich schon einmal festgestellt haben, dass Pferdewiehern keinesfalls immer gleich klingt – und das nicht nur, weil Pferde verschiedene Stimmen haben, sondern auch, weil jedes Pferd nicht nur über einen „Wieherton" verfügt.
Dabei ist der „Wiehersound" keineswegs nur davon abhängig, was das Pferd gerade ausdrücken will. Selbst da, wo immer dasselbe gemeint ist – zum Beispiel beim Begrüßungswiehern, wenn ein Stallgefährte zurück in seine Box kommt –, kann man beim genauen Hinhören Unterschiede in der Tonlage und im Ausdruck erkennen. Dahinter steckt, dass Pferde einen „akustischen" Namen haben, den sie untereinander verwenden. Kommt also einer zurück, heißt es nicht nur „Hallo, Pferd", sondern „Hallo, Brauner mit dem weißen Hinterbein". Pferde, die einander kennen, sprechen sich grundsätzlich „individuell" an.

Wo ist mein Kumpel?

Warum wiehern Pferde? Reine Gesprächigkeit ist es bei Ihnen nie. Sie haben immer einen Grund. Der häufigste ist, dass sie nach ihren Herdengefährten und Freunden rufen. Bei Pferden, die alleine auf der Koppel sind, kann das sogar so weit gehen, dass sie nichts anderes machen als über die Wiese zu rennen und lautstark nach Gesellschaft zu rufen. Ihr Bedürfnis, sich in einem Verband geborgen zu fühlen, ist sogar größer als ihr Appetit.
Ein anderer Grund fürs Wiehern ist Imponiergehabe. Gestütshengste nehmen zum Beispiel das Geräusch eines Hängers vor dem Stall zum Anlass, sich mit einem donnernden Hengstruf zu melden – sie verkünden einem Neuankömmling: „Hier bin ich – und ich bin der Hengst im Stall!"

WUSSTEN SIE?

- Stimmlage ist bei Pferden nicht an Größe gebunden – ganz im Gegenteil. Die imposantesten Hengstrufe kommen oft von Shetland-Hengsten.
- Wenn Ihr Pferd nach Ihnen wiehert, können Sie sich geehrt fühlen. Dann hat es Ihnen nämlich einen „akustischen Namen" gegeben.

Freundlichkeit

Im Französischen heißt der Reiter „Chevalier", im Spanischen ist er der „Caballero" und selbst bei uns gibt es eine Verbindung zwischen „Reiter" und „Ritterlichkeit".
Es ist kein Zufall, dass der „Reiter" in vielen Sprachen mit Begriffen verbunden ist, die Freundlichkeit assoziieren. Aber hat das wirklich nur damit zu tun, dass Reiter fast immer zur Oberschicht gehörten und man daher von ihnen Benimm erwartete? Oder kommt es vielleicht auch daher, dass Pferde freundliche Tiere sind und man davon ausging, dass ihr Verhalten Einfluss auf die Menschen hat, die mit ihnen umgehen?

Guten Tag, Mensch

Verstehen Sie Menschen, die vor Pferden Angst haben? Natürlich, die lieben Tiere sind sehr groß, sehr stark und sie haben Hufe und Zähne. Aber gleichzeitig sind sie doch sehr freundlich – und sie würden ihre „Waffen" nie einsetzen, ohne vorher wenigstens deutlichst zu warnen. Außerdem: Ein Pferd, das keine schlechten Erfahrungen gemacht hat, kommt Menschen freundlich und neugierig entgegen – so wie der Braune im Bild. Sein ganzer Habitus zeigt, dass er nicht vorhat, dem Menschen, der ihm gegenübersteht, etwas zu tun. Ganz im Gegenteil! Das Pferd ist interessiert! Die Ohren sind freundlich gestellt, die Augen weit geöffnet, die Nase geht nach vorne und nimmt nicht nur den Geruch wahr, sondern bietet auch Kontaktaufnahme an.

Guten Tag, Pferd

Hier braucht man nur das Pferd zu sehen, um zu wissen, dass sich auf der Koppel eine freundliche Begegnung abspielt. Auch wenn der Schatten der Dame, die der Schimmelstute hier entgegentritt, sich nicht im Fell abzeichnen würde: Das Gesicht des Schimmels macht klar, dass ihr die Begegnung willkommen ist.
Auch hier haben wir wieder die freundlich gestellten Ohren – und nein, sie müssen gar nicht akkurat nach vorne zeigen. Es reicht, wenn sie aufrecht stehen. Dazu kommen die weit geöffneten Nüstern – der Schimmel nimmt den Individualgeruch der anderen interessiert auf. Und sie findet ihr Gegenüber so spannend, dass sie sogar das Fressen unterbricht und ihr die ganze Aufmerksamkeit widmet.

WUSSTEN SIE?

- Pferde haben „Manieren". Im Umgang miteinander pflegen sie bestimmte Höflichkeitsrituale, die immer gleich ablaufen. Pferderüpel, die sich nicht daran halten, sind in einer Gemeinschaft nicht willkommen.
- Pferde haben Launen. Wie freundlich sie uns gegenübertreten, hängt immer auch von ihrer Tagesform ab.

Körperpflege

Sag keiner, dass Pferde nicht sehr körperpflegebewusst wären! Das Problem mit ihnen ist nur, dass ihre und unsere Vorstellungen von Körperpflege oft sehr weit auseinander gehen. Während unsereins bei „Körperpflege“ vorwiegend an „Sauberkeit“ denkt, halten es Pferde mit dem Prinzip „Dreck wärmt“. Die Spezialisten unter ihnen treiben das so weit, dass sie jede Bemühung ihres Menschen, sie sauber zu halten, sofort wieder unterwandern. Sie legen sich in der Box in den Mist oder sie wälzen sich an der dreckigsten Stelle, die sie auf der Koppel finden können. Allerdings muss man zugestehen: Dreck wärmt tatsächlich – oder besser gesagt: Das Hautfett im Fell sorgt dafür, dass Wasser abläuft und gar nicht erst die Haut erreicht.

Wenn's juckt...

...muss man sich als Pferd kratzen. Juckt es am Hinterteil, suchen sich Pferde gerne Bäume oder Zaunpfähle zum Scheuern. Das ist normal – dennoch sollte man als Pferdemensch ein wachsames Auge darauf haben: Ein Pferd, das sich dauernd am Hinterteil scheuert, könnte Würmer, einen Pilz oder ein Ekzem haben.

Könnte mal jemand...?

Fohlchen juckt's wahrscheinlich am Widerrist und Mähnenkamm – und da kann man nicht einmal als gelenkiges Pferdekind selbst daran kommen. Also sucht man sich einen Kumpel, der einen beknabbert, wofür dann die Gegenleistung geboten wird. Das Ganze nennt sich dann „soziale Fellpflege“ und tut offensichtlich sehr gut.

Wohliges Scheuern

Geben wir's zu: Auch wenn unter Menschen „sich kratzen" als nicht sehr vornehm gilt – es tut dennoch gut. Bei Pferden ist es ähnlich. Haben sie beim Reiten unter der Trense geschwitzt, versuchen sie ganz schnell, die Wange am Bein zu scheuern. Und auch auf der Koppel ist es ab und zu nötig – und wie gut es tut, sieht man bei unserem Fuchs. Seine Ohren zeigen: Er genießt es.

Ganzkörpereinsatz

Es ist erstaunlich, wie Pferde sich verbiegen können, wenn es sie irgendwo juckt. Fohlen sind darin am geschicktesten – für sie ist es meist kein Problem, an einem Hinterbein oder am eigenen Rücken zu knabbern. Doch auch die meisten erwachsenen Pferde sind ganz gut darin, ihre Hinterpartie mit dem Maul zu erreichen.

Wälzen

Und was könnte besser sein, als sich zu wälzen und dabei den ganzen Körper am Boden zu scheuern und sich mit Staub zu panieren? Wälzen gehört zu den absoluten „Komforthandlungen" bei Pferden – und macht auch beim Zuschauen Spaß, denn ein sich wälzendes Pferd signalisiert: „Ich fühle mich sicher und rundherum wohl!"

Lebensfreude

Lebensfreude drückt sich bei Pferden in Bewegung aus. Sie sind Lauftiere – und als solche freuen sie sich an ihrer eigenen Kraft und Geschmeidigkeit. Und damit erfreuen sie auch uns, denn was ist schöner als ein frei laufendes Pferd?
Basti war ein Pferdeopa und man sah es ihm an. Er war 31 Jahre alt, sein Gesicht war grau geworden, der Rücken war eingefallen und er hatte Arthrose in den alten Beinen. Er war nicht mehr so fit wie einst, aber er freute sich seines Lebens – und er zeigte es. Wenn er morgens auf die Koppel geführt wurde, konnte er es kaum erwarten, bis er vom Strick losgemacht wurde. Und dann interessierte ihn das saftigste Gras nicht. Zuerst einmal musste Basti sich austoben. Er rannte los, buckelte fröhlich und legte dann noch ein, zwei Runden Trab ein, bevor er sich dem Gras zuwandte.

Natürliche Bewegungen

Man hört es immer wieder: „Dressur ist unnatürlich." Wer diese Meinung vertritt, hat wahrscheinlich noch nie frei laufenden Pferden auf der Koppel zugesehen. Unsere gut gefütterten Stallpferde strotzen nur so vor Kraft – und wollen sich austoben. Die gelenkigen unter ihnen zeigen dabei – einfach so, weil es Spaß macht – so ziemlich alle großen Dressurlektionen. Von der Trabverstärkung über die Passage bis zur Piaffe, Schulterherein, Travers und Renvers oder ein paar fliegende Wechsel – je nach Begabung des Pferdes wird in der freien Bewegung das ganze Programm vorgeführt.
Und ganz ehrlich: Sieht ein Pferd je schöner aus als wenn alle Muskeln an seinem Körper spielen und es freiwillig, als Ausdruck seiner Lebensfreude, alles zeigt, was es kann?

Let's fetz!

Zu den beliebten Koppelvergnügungen gehört der Renngalopp – je schneller, desto besser. Einmal alle Kräfte spielen lassen, richtig Tempo machen, mit donnernden Hufen dahinstürmen – Pferde genießen es.

Kräftig bocken

Hoch den Po! Auch die „hohe Schule" der Dressur, die Sprünge, sind keineswegs unnatürlich. Im Gegenteil, wie der Friese im Bild vorführt. Er zeigt, was französische Schulreiter als „Croupade" präsentieren.

Konditionstraining

In der Natur ist nichts „einfach so" entstanden. Die außerordentliche Bewegungsfreude der Pferde macht Sinn: Dass Pferde sich nicht nur auf der Flucht anstrengen, sondern durchaus auch einmal „nur zum Spaß" losrennen, hat einen Effekt, der sehr wichtig sein kann. Sie trainieren sich selbst, sie bauen im Spiel Kondition auf und halten sich geschmeidig, was ihnen dann natürlich auf der Flucht wieder Vorteile bringt.

Dösen und Schlafen

Warum brauchen Pferde Schlaf? Wahrscheinlich aus den gleichen Gründen wie wir Menschen: Der Körper muss Ruhephasen haben, um sich zu regenerieren. Und das Gehirn braucht Zeit, sich aufzuräumen. Während Wachphasen stürmen Unmengen von Informationen auf das Pferd ein. Und wie bei uns, werden sie auf „Nützlichkeit“ im Moment selektiert. Die „unnützen“ Informationen bleiben übrig – und müssen irgendwann einmal wieder aussortiert werden. Dafür steht vermutlich der Schlaf.

Ich bin so müde!

Der Hals wird lang, der Kopf scheint immer schwerer zu werden, die Ohren klappen zur Seite, die Unterlippe hängt, die Augen fallen zu – gibt es bei diesem Bild noch eine Frage darüber, wie sich das Pferd fühlt? Eine kleine Döse-Runde in der Mittagssonne ist jetzt genau richtig.

Dösen statt schlafen

Um mit einem Irrtum aufzuräumen: Nein, Pferde schlafen nicht im Stehen. Um in den Tiefschlaf zu finden, müssen sie sich hinlegen. Dummerweise trauen sie sich das nur, wenn sie sich sicher fühlen – und das kommt bei frei lebenden Pferden nicht oft vor. Darum haben Pferde das Dösen zur Meisterschaft entwickelt. Dabei bleiben sie stehen, entspannen aber einen Teil ihres Körpers, indem sie das Gewicht auf ein Hinterbein verlagern und das andere durch Hochziehen entlasten.

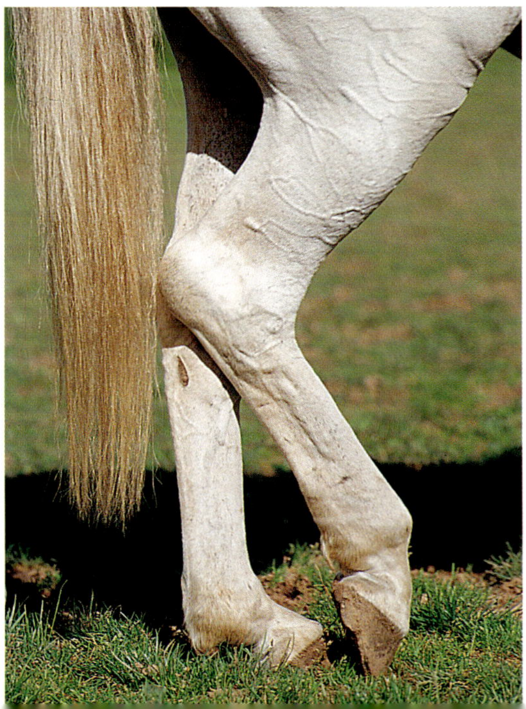

Müdes Pferdekind

Bei Pferdekindern ist es wie bei unserem Nachwuchs: In den Wachphasen toben sie unter Einsatz all ihrer Energie und scheinen kaum einen Moment still zu stehen. Dabei sammeln sie eine Riesenmenge Informationen und Erfahrungen, die das Gehirn dann verarbeiten und einsortieren muss. Dementsprechend brauchen junge Pferde deutlich mehr Schlaf als erwachsene Pferde. Während die selten länger als eine Stunde am Stück schlafen und insgesamt mit höchstens fünf bis sechs Stunden Schlaf in 24 Stunden auskommen müssen, schlummern die Youngsters bis zu sieben oder acht Stunden. Und damit nicht genug: Sie gönnen sich dazwischen auch noch Dösephasen.

Nach dem Essen...

...sollst du ruhn oder tausend Schritte tun", heißt es bei uns Menschen. Pferde würden die tausend Schritte für Verschwendung halten. Warum sollten sie die gerade zugeführte Energie gleich wieder verbrauchen? Bei Pferdekindern, die Energie zum Heranwachsen brauchen, gilt das noch viel mehr als bei erwachsenen Pferden. Darum ist es für Pferdebabys keine Frage: Wenn sie eine größere Mahlzeit an Mutterns „Tankstelle" eingenommen haben, ist ein Schläfchen angesagt.

Anspannung, Flucht und Angst

Pferdeleben ist nicht einfach. Selbst wenn man als „Hauspferd" seine Zeit im Stall und auf der Koppel verbringt, ist man vor Angst und Anspannung nicht sicher.
In jedem unserer domestizierten Pferde steckt nämlich immer noch das Wildpferd mit all seinen Instinkten. Und bei allem Vertrauen, das Pferde – im besten Fall – zu ihren Menschen entwickeln: Zu begreifen, dass sie in unserer Obhut vor nichts mehr Angst haben müssen, werden unsere vierhufigen Freunde wohl nie schaffen.
Ihre Wachsamkeit und ihre stete Fluchtbereitschaft ist ihnen angeboren und auch nicht abzugewöhnen. Wer immer mit Pferden umgeht, muss sich darauf einstellen.

Pass auf!

Irgendetwas beunruhigt den Fuchswallach. Mit hoch erhobenem Kopf, steil nach vorne gestellten Ohren und angespannten Muskeln beobachtet er – fährt da gerade ein Traktor mit knatterndem Motor vorbei? Oder nähert sich gar ein Hund? Caniden – die Hundartigen – sind bei allen Pferden im Instinktprogramm als „gefährlich" abgespeichert und selbst Pferde, die sich im Stall an den Umgang mit Hunden gewöhnt haben, können auf der Koppel fliehen, wenn ihnen einer zu nahe kommt.

WUSSTEN SIE?

- Flucht ist gesund. Hat ein Pferd vor etwas Angst, wird Adrenalin ausgeschüttet. Es sorgt dafür, dass sich der Blutdruck erhöht, der Herzschlag beschleunigt und Energie für den Blitzstart bereitgestellt wird. Das Adrenalin muss aber auch wieder abgebaut werden – und dafür ist Bewegung wichtig.

Und ab die Post!

Was immer der Fuchs gesehen hat – jetzt ist es ihm zu gefährlich geworden. Er startet im Galopp durch. Und dass er hier nicht einfach aus Lebensfreude rennt, ist deutlich zu sehen: Sein Schweif schlägt – womit er Herdengenossen seine Anspannung signalisiert – und seine Hinterhand ist starr und zum Ausschlagen bereit.

Ballast abwerfen

Ist die Aufregung groß, kommt die Verdauung in Gang. Denn Pferde äpfeln immer, wenn sie aufgeregt sind. Sie werfen sozusagen Ballast ab, bevor sie die Flucht antreten und im Galopp das Weite suchen. Gleichzeitig signalisieren sie ihren Herdengenossen, dass Gefahr in Verzug ist und sie sich fluchtbereit halten sollen.

Vorsicht…

…zeichnet ein kluges Pferd aus. Auch wenn es uns unverständlich erscheint, dass ein Pferd vor einem Holzstapel scheut – aus der Sicht eines Pferdes ist es nur vernünftig, sich das Ding erst einmal aus einiger Distanz anzuschauen. In der Natur könnte nämlich ein Fressfeind den Holzstapel als Tarnung nutzen. Also wäre es dumm, sich ohne weitere Vorsichtsmaßnahmen anzunähern.

Schmerzen

Derjenige, der einst den Ausdruck „Rossnatur“ aufgebracht hat, kann keine Ahnung von Pferden gehabt haben. Verglichen mit anderen Haustieren wie zum Beispiel Kühen sind Pferde – vor allem die hochgezüchteten Reitpferde, mit denen wir heute Umgang haben – ziemlich empfindlich. Ihre Lunge verträgt weder Staub noch dicke Luft – wenn sie nicht genug ausgelüftet wird, entwickelt sich eine Art „Asthma“, bei Pferden Dämpfigkeit genannt. Ihr Verdauungsapparat ist ausgesprochen sensibel – verdorbenes Futter oder falsche Fütterung löst Koliken, Darmverschlingungen oder Hufrehe aus. Falsche Belastung beim Reiten kann zu Rücken- und Beinproblemen führen, Allergien sind bei Pferden heute auch nicht mehr selten. Kurz und nicht gut: Wer mit Pferden umgeht, muss fähig sein, ihr Befinden einschätzen zu können.

Schau mir in die Augen

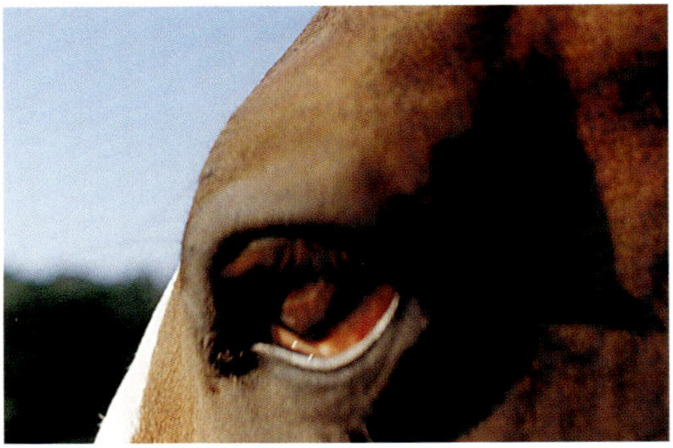

Im Fall des Pferdes im Bild braucht man kein Veterinärmedizin-Studium, um zu erkennen, dass es ihm nicht gut geht. Doch selbst wenn das Auge nicht blutunterlaufen wäre – ein tiefliegendes, abgewandtes Auge weist bei Pferden fast immer auf eine Störung im Wohlbefinden hin.

Lahmheiten

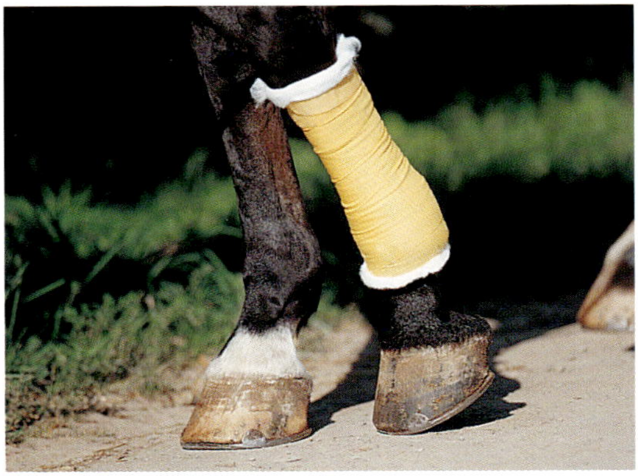

Es gibt fast kein Pferd, das nicht im Laufe seines Lebens einmal ein Bein verletzt und dadurch lahm geht. Lahmheit erkennt man als Reiter – und wer im Zweifel ist, ob ein Pferd wirklich unklar geht, muss es nur einfach auf Asphalt traben lassen. Lahmheiten hört man nämlich – sie führen zu Taktunreinheiten und Rhythmusfehlern.

Noch einmal Wälzen

Erinnern Sie sich? Wenige Seiten zuvor haben Sie ein Pferd gesehen, dass sich wohlig gewälzt hat. Hier aber sehen sie eines, das sich wälzt, weil es Schmerzen hat. Die Anzeichen sind bei genauerem Hinsehen klar: Das Pferd ist keineswegs locker wie beim „Komfortwälzen", sondern zeigt deutliche Spannungen im Hals und Hinterbein. Solche Spannungen deuten fast immer auf eine akute Kolik hin. Früher galt bei Koliken, dass man ein Pferd mit allen Mitteln vom Wälzen abhalten sollte. Heute vertraut man Pferden und ihren Bedürfnissen mehr. Tierärzte wissen nämlich, dass Pferde es nicht selten schaffen, beim Wälzen einen verdrehten Darm wieder auszudrehen.

Auf den ersten Blick ...

... sieht diese Koppelszene normal aus. Doch auf den zweiten fällt auf: Der Fuchs scheint sich nicht wohl zu fühlen. Der schlagende Schweif, die seltsam verspannte Haltung und vor allem das Gesicht mit dem „eckigen" – also angespannten – Maul zeigt, dass mit ihm etwas nicht in Ordnung ist.

Alte Pferde

Wildpferde – besonders die erfahrenen Leittiere – werden sehr alt. 20 Jahre sind keine Seltenheit. Manche können sogar über 30 Jahre alt werden. Sie haben im Laufe ihres Lebens viel Erfahrungen gesammelt, von denen die Herde profitiert. Auch in menschlicher Obhut werden Pferde 30 Jahre und älter. Doch wenn ein Pferd nicht mehr geritten werden kann, darf es nicht einfach „weggestellt“ werden. Alte Pferde brauchen und verdienen unsere Fürsorge und Aufmerksamkeit. Gerade, wenn die ersten Zipperlein plagen, sollte der Mensch da sein – und zurückgeben, was er von diesem Pferd im Lauf eines langen Lebens bekommen hat.

Der Seniorenclub

Wer seinem alten Pferd etwas Gutes tun will, sorgt dafür, dass es in Pferdegesellschaft leben kann. Allerdings: Es einfach einzupacken und auf dem nächsten Gnadenhof abzuliefern, kann in vielen Fällen als „Ungnade“ angesehen werden. Umstellungen fallen alten Pferden bedeutend schwerer als jungen und das Eingewöhnen in eine bestehende Gemeinschaft erfordert gerade bei einem Senior eine ganze Menge Geduld. Er kann nicht mehr so schnell fliehen wie ein junges Pferd und er ist gefährdeter, wenn ein anderes nach ihm tritt. Darum muss man ihm Zeit und Rückzugsmöglichkeit geben, bis er sich an die anderen und diese sich an ihn gewöhnt haben.

WUSSTEN SIE?

▸ Das Leben eines domestizierten Pferdes besteht aus vier Sieben-Jahres-Phasen: Bis zum siebten Lebensjahr gilt das Pferd als „jung". Zwischen sieben und 14 erreicht es seine höchste Leistungsfähigkeit. Ab 15 gilt es als „älteres" Pferd, ab 21 als „Senior".

Die Zeichen des Alters

Man braucht kein Pferdekenner zu sein, um beim Bild oben zu erkennen, dass der Braune ein Pferdeopa ist. Sein ganzer Körper zeigt, dass er nicht mehr jung und knackig ist. Die Muskeln haben sich zurückgebildet, die Sehnen haben ihre Spannkraft eingebüßt, der Rücken ist eingesunken, das Fell ist struppiger geworden und hat seinen Glanz verloren.

Mit viel Liebe

Wenn Pferde älter werden, sieht man es ihnen im Gesicht an. Die Augenpartie fällt ein, die Knochen treten hervor und oft genug zeigen sich im Gesicht auch graue Haare. Viele Pferdesenioren werden auch „milder" und anhänglicher. Sie genießen die Streicheleinheiten, die sie von ihren Menschen bekommen, und freuen sich an gemeinsamen Spaziergängen.

Pferde und andere Tiere

Pferde sind nicht allein. In der Natur leben sie mit jeder Menge anderer Tiere zusammen – und dieses Zusammenleben basiert keineswegs nur auf Furcht gegenüber den Fressfeinden und Ignoranz gegenüber den Tieren, die für Pferde ungefährlich sind.
Pferde sind fähig, mit anderen Individuen zu kommunizieren und „Fremdsprachen" zu verstehen. Das macht es für uns möglich, mit ihnen umzugehen; es macht es aber auch für Pferde möglich, mit den Tieren, mit denen sie zusammenleben, ein Verhältnis aufzubauen. Dabei beweisen sie in menschlicher Obhut überragende Lernfähigkeit: Sie lernen sogar mit „Fressfeind" Hund zu leben, zu spielen und sich mit ihm anzufreunden.

Hundebegegnungen

Es gibt zwei Gründe, warum Pferde und Hunde es nicht leicht miteinander haben. Der Erste ist, dass der Hund beim Pferd unter „Feindbild" läuft. Der Zweite: Pferde und Hunde haben ein echtes Verständigungsproblem. Ihre Körpersprache passt nicht zusammen. Schlimmer noch: Sie ist teilweise genau entgegengesetzt.

Katzenfreunde

Katzen und Pferde verstehen sich trotz unterschiedlicher Art recht gut. Beide sprechen eine ähnliche Sprache, was die Verständigung erleichtert. So bedeutet ein wedelnder Schwanz bzw. ein peitschender Schweif bei beiden Unmut, nach vorn gerichtete Ohren Freundlichkeit.

Trotz alledem

Doch trotz aller Verständigungsprobleme: Hunde und Pferde können sich nicht nur aneinander gewöhnen, sondern sogar richtig Spaß miteinander haben. Wenn sie miteinander aufwachsen, können sie die Sprache des jeweils anderen erlernen und richtig gute Freunde werden.
Dennoch sollte der Mensch immer ein Auge auf die beiden haben. Bei einem Hund kann Übermut dazu führen, dass er den Spielgefährten auf vier Hufen in die Hanken kneift. Das könnte beim Pferd den Reflex zum Ausschlagen auslösen – und wenn 600 Kilogramm Pferd zutreten, sind die Chancen für 30 Kilogramm Hund nicht sehr gut. Hunde sind aber nicht die einzigen anderen Haustiere, mit denen sich Pferde gerne amüsieren. Katzen sind bei Pferden sogar noch beliebter als Hunde. Sie sprechen weitgehend dieselbe Sprache, scheinen Pferdegeruch zu mögen und halten sich gerne im Stall auf. Zudem sind Katzen verschmust – und Pferde scheinen für ihre Zärtlichkeit empfänglich zu sein. Es gibt sogar Pferde-Katzen-Freundschaften, bei denen die Katze nachts auf dem Rücken des Pferdes schlafen darf.

WUSSTEN SIE?

- Pferde brauchen Gesellschaft. Am liebsten sind sie mit anderen Pferden zusammen.
- Pferde erkennen offensichtlich sowohl den Bernhardiner als auch den Dackel als Angehörigen der Spezies „Hund“.

Pferde und Kühe

Dass Westernpferde gut mit Kühen umgehen können und offensichtlich Spaß daran haben, Rinderherden zusammenzutreiben, ist Pferdeleuten bekannt. Doch woher kommt das, was Westernreiter „Cow Sense“ nennen?
Sicher, der „Cow Sense“ ist heutigen Westernpferden angezüchtet. Sie werden seit Jahrzehnten erfolgreich darauf selektiert. Doch anzüchten kann man nur eine Eigenschaft, deren Voraussetzungen schon da sind. Das „Kuhverständnis“ basiert bei Pferden auf ihrer überlebensnotwendigen Fähigkeit, das Verhalten anderer Tiere – wie zum Beispiel ihrer Fressfeinde – einschätzen zu können.

Vorahnung

Bei der Arbeit mit Rindern zeigen gute Westernpferde nicht nur, dass sie vorauszuahnen scheinen, wohin sich das Rind im nächsten Moment bewegt, sondern beweisen außerdem perfekte Kooperation mit anderen Pferden. In der Hütearbeit erfahrene Pferde bemühen sich von sich aus, ihre Reiter möglichst nahe an das Rind heranzubringen.

Geschickte Sprinter

Die fürs Kuhhüten am besten geeignete Pferderasse sind die Quarter Horses. Ihren Namen haben sie von ihrer Spezialität bekommen: Dem Rennen über die „Quarter Mile“, auf der sie ihre erstaunliche Antrittsfähigkeit und ihr Können in Sachen Kurzsprint – beides Eigenschaften, die bei der Hütearbeit gefordert sind – beweisen.

„Eine Kuh macht muh …

… viele Kühe machen Mühe.“ Der alte Bauernspruch gilt auch für die Hütearbeit. Ein Rind ist leicht im Griff zu behalten. Doch wenn sich erst einmal eine Kuhherde zur Stampede entschieden hat, haben die Hütepferde alle Hufe voll zu tun. Kluge Cow-Horses lassen es erst gar nicht dazu kommen.

Die Herde im Auge

Pferde mögen Herausforderungen – und für ein Westernpferd gibt es keine größere, als eine ganze Herde Rinder beieinander zu halten. Der Fuchs im Bild zeigt es: Er ist voll auf seine Aufgabe konzentriert. Ein Ohr der Herde, das andere seinem Partner im Sattel zugewandt, hat er die Rinder im Blick. Er sieht jedes Tier, er sieht jedes Schwanzwedeln und scheint die nächsten Bewegungen geradezu vorauszuahnen.

Pferde und Menschen

Die Beziehung zwischen Mensch und Pferd hat schon vor tausenden von Jahren begonnen, als Menschen und Pferde sich die Steppe teilen mussten. Damals waren Pferde Beutetiere. Doch etwas von der Faszination Pferd müssen unsere Vorfahren schon verspürt haben – oder hätten sie sonst so viele liebevolle Pferdedarstellungen in ihren Höhlen hinterlassen? Irgendwann kam der Mensch darauf, dass man Pferde nicht nur essen, sondern auch reiten kann – das liegt schon lange zurück. Die erste bekannte Reitkultur entstand vor ungefähr 5000 Jahren. Seitdem gehört das Pferd zu unserer Kultur und hat sie mit geprägt.

Kontaktaufnahme

Große, vertrauensvolle Augen, die uns anschauen; eine weiche Samtnase, die sich annähert und Kontakt aufnimmt; das Schimmern im seidigen Fell; der warme Duft nach Pferd – unzählige Menschen können und wollen sich dieser Faszination nicht entziehen. Und mit der Fähigkeit, sich mit uns anzufreunden, hat das Pferd in einer immer enger werdenden Natur wieder einmal seine „Fitness“ in Sachen Überleben bewiesen: Als Freund des Menschen hat es, obgleich sein natürliches Habitat in unseren Breitengraden inzwischen fast vollkommen zerstört ist, eine neue Nische gefunden, in der es weiter existieren und sich sogar fortpflanzen kann.
Doch wenn wir uns den Pferden zuwenden, sollten wir bei der Kontaktaufnahme die Pferde-Etikette nicht verletzen. Dazu gehört, dass sich der Mensch so annähert, dass er auch vom Pferd gesehen wird: Also nicht von hinten oder aus dem toten Winkel heraus. Zur Begrüßung hält man ihm die Hand hin. Der Vierbeiner hat so die Möglichkeit, unseren Geruch aufzunehmen. Sie erinnern sich: Pferdebegegnungen beginnen mit einem Begrüßungsschnuppern.

Vertrauen

Zu den wichtigsten Erfahrungen, die Mensch und Pferd miteinander machen können, gehört das gegenseitige Vertrauen. Beide müssen die Angst vor dem Unbekannten überwinden, beide müssen sich auf den jeweils anderen einlassen, um ihn nahe kommen zu lassen. Vertrauen ist die Basis ihrer Beziehung zueinander – und aus ihr erwächst alles andere.

Berührung

Eine der ursprünglichsten Arten, sich einem anderen Lebewesen mitzuteilen, ist die Berührung. Ein Streicheln, die Wärme, die von einem auf den anderen übergeht, ist nicht misszuverstehen. In der Berührung wird ein Kontakt auf emotionaler Ebene hergestellt, der beiden Beteiligten gut tut. Sowohl Pferd als auch Mensch sind soziale Wesen. Nähe zu anderen Individuen gehört zu ihren Grundbedürfnissen.

Und Berührung ist auch immer „begreifen“ – lernen über den anderen, ihn und seine Bedürfnisse wahrnehmen und ganz unmittelbar erfahren.

Aus dem heraus erklärt sich, warum der Kontakt mit Pferden eine therapeutische Wirkung auf den Menschen hat – und warum die, die mit Pferden zu tun haben, oft glücklichere Menschen werden.

Korrekter Umgang

Sozialer Kontakt mit einem anderen Individuum beruht auf der Fähigkeit, Spielregeln für den Umgang miteinander festsetzen und einhalten zu können. Unter uns Menschen nennen sich die Spielregeln „Manieren" – und sie basieren auf bestimmten, für beide Teile voraussehbaren Ritualen. Genau solche Rituale braucht man auch im Umgang mit dem Pferd. Sie geben beiden Partnern Sicherheit und sorgen dafür, dass auf beiden Seiten keine Grenzen überschritten werden.

Führen

Geführt wird jeden Tag und es sieht so selbstverständlich aus, dass viele von uns gar nicht mehr darüber nachdenken – bis sie an ein Pferd geraten, mit dem es auf einmal nicht klappt.
Die wichtigste Regel: Der Mensch fasst nicht einfach ins Halfter, sondern führt am Strick. Pferde haben nämlich einen Anspruch darauf, dass ihre Individualdistanz respektiert wird. Im Gegenzug dazu darf das Pferd allerdings auch nicht drängeln.

Bitte ganz freundlich!

Beim Putzen unterschreitet der Mensch unweigerlich die Individualdistanz des Pferdes. Er muss ihm nahe kommen – sogar an Stellen, an denen es dem Pferd nicht unbedingt angenehm ist.
Der Mensch sollte sich darüber bewusst sein, dass das Vertrauen, das ihm das Pferd entgegenbringt, respektiert werden sollte.

Hygienefragen

Die meisten Reiter wissen es: Unsere und eines Pferdes Vorstellungen über Hygiene liegen oft sehr weit auseinander. Aber Pferde sind kompromissbereit. Zudem kommen sie uns insofern entgegen, dass sie zumindest einen Teil des Putzens unter „soziale Fellpflege" verbuchen und sogar genießen können. Ein Gummistriegel, der verschwitztes Fell auflockert, ist angenehm; eine weiche Bürste fühlt sich wie ein Streicheln an. Dennoch sollte man die Hygiene bei Pferden nicht übertreiben. Sicher – Nasen müssen ab und zu geputzt werden. Aber bitte mit Vorsicht und nur äußerlich. Und was den Einsatz von Wasser und Shampoo angeht, sollte man eher sparsam sein. Dabei geht dem Pferd nämlich der natürliche Säureschutzmantel der Haut verloren.

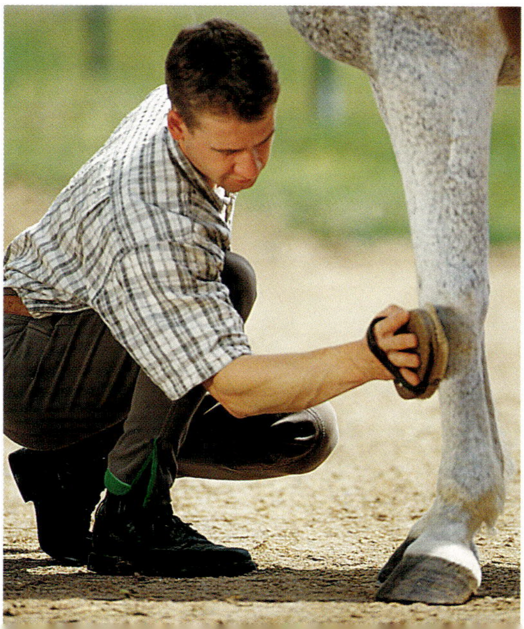

Bitte nicht!

Bei allem Vertrauen ins Pferd: Sich vor, zwischen oder hinter die Hufe zu hocken, ist keine gute Idee. Auch das bravste, wohlerzogenste Pferd kann sich einmal erschrecken und ausschlagen. Der Mensch sollte vorbereitet sein – und in einer Position, aus der er schnell wegkommt und dem Pferd keine empfindlichen Körperteile präsentiert. Auch wenn es für den Rücken nicht angenehm ist: Am Pferd sind Rumpfbeugen angesagt.

Ungehorsam

Die Vision hat etwas: Ein gleichberechtigtes Verhältnis zum „Partner" Pferd, eine Beziehung, in der nicht einer der Boss und der andere der Untertan sein muss. Das Dumme an der Vision ist nur, dass sie bei Pferden nicht funktioniert. Pferde müssen nämlich in unserer Welt leben – und in der sind sie von Dingen gefährdet, die sie nicht selbst einschätzen können. Spätestens dann, wenn der Tierarzt dem Pferd eine Spritze geben muss oder wir mit ihm über eine viel befahrene Straße gehen müssen, sind Führungsqualitäten beim Menschen gefragt. Doch warum sollte man „Autorität" negativ sehen? Pferde sind daran gewöhnt, sich in der Herde der Autorität ihrer Leittiere zu beugen. Autorität gibt Sicherheit und eine klare Hierarchie beugt Verwirrung vor. Wer mit einem Pferd umgeht, muss Verantwortung übernehmen.

Autoritätsprobleme

Tja – hier ist es gründlich schief gegangen: Der Mensch möchte weitergehen, das Pferd sieht es aber überhaupt nicht ein. Es möchte lieber fressen.

Natürlich könnte man hier fragen: Warum soll es nicht? Doch dem könnten diverse Antworten gegenüberstehen: Das Gras ist gespritzt, der Busch dahinter giftig für Pferde. Und selbst wenn all dies nicht der Fall ist: Ein Pferd darf nicht einfach fressen. Bleibt die Frage: Wie bringt man einem Pferd bei, dass es folgen soll? Die Antwort: Konsequente Erziehung. Sie fängt mit einer Festlegung an: Wenn das Pferd geführt wird, darf es nicht fressen. Und um das auszuführen, benötigt man eine ganze Menge Durchsetzungsvermögen. Wenn das Pferd fressen möchte, erfolgt ein energisches „Nein" und man geht zielstrebig weiter. Wer konsequent durchhält, hat bald ein Pferd, das weiß, wann es fressen darf und wann nicht.

Verwöhntes Pferd

Ob Möhren, Äpfel oder Leckerlies: Alles willkommene Leckerbissen für den Vierbeiner. Doch diese Gaben sollten gezielt eingesetzt werden: Macht das Pferd etwas gut und richtig, hat es eine Belohnung verdient und erhält ein Leckerli. Stopft man allerdings ständig etwas in das große Pferdemaul, weil Freund Pferd gerade so süß guckt oder so freundlich an der mit Leckerlies bestückten Hosentasche schnuppert, „erzieht" man es sehr schnell zu einem aufdringlichen Etwas. Das Pferd vergisst auf der Suche nach Fressbarem alle Manieren und unterschreitet die Individualdistanz des Menschen.

WUSSTEN SIE?

- Pferde sind extrem gute Beobachter. Darum ist Körpersprache so wichtig. Wenn Sie ein Stimmkommando geben, Ihr Körper aber Unentschlossenheit signalisiert, wird das Pferd Ihnen nicht folgen. Denn Ihre Körpersprache ist für das Tier viel aussagekräftiger als Ihre Worte.
- Machen Sie sich immer vorher klar, was Sie von Ihrem Pferd wollen – und setzen Sie Energie hinter Ihre Kommandos.

Gib mir bitte die Möhren!

Der Braune wünscht sich in diesem Moment nichts sehnlicher als diese knackigen Möhren. Er hat allerdings gelernt, dass er so lange stehen bleiben muss, bis ein anderes Signal erfolgt. Doch wie bringt er die Möhren dazu, zu ihm zu kommen? Mit langem Hals, gespitzten Ohren und sehnsüchtigen Blicken wünscht er sich die Leckerbissen herbei.

Sicher wird die Reiterin gleich erbarmen haben und ihn für sein braves Warten mit einem knackigen Stück Karotte belohnen, das er sich redlich verdient hat.

Wie Pferde wohnen

Wichtiger noch als der Kontakt zum Menschen ist für ein Pferd und seine körperliche und psychische Gesundheit die artgerechte Haltung.
„Artgerecht" kann in keinem Fall Einzelhaft in der Box bedeuten. Pferde brauchen Licht, Luft, andere Pferde und die Möglichkeit, sich zu bewegen. Wie wichtig Letzteres ist, zeigen einige Zahlen: Ein freies Pferd bewegt sich bis zu 16 Stunden am Tag und legt dabei etwa acht Kilometer zurück, wobei seine Schrittlänge circa 80 Zentimeter beträgt. Ein Boxenpferd dagegen bewegt sich eine Stunde am Tag und legt mit einer Schrittlänge von 30 Zentimetern gerade mal 170 Meter zurück.

Klassische Boxenhaltung

Die klassische Art der Pferdehaltung ist bei uns die Aufstallung in einer Box. Sie hat den Vorteil, dass die Pferde mühelos individuell zu füttern und dass sie für den Reiter jederzeit verfügbar sind. Der Nachteil allerdings ist, dass Pferde sich in der Box oft sehr langweilen und dabei „Ticks" wie Weben und Koppen entwickeln.

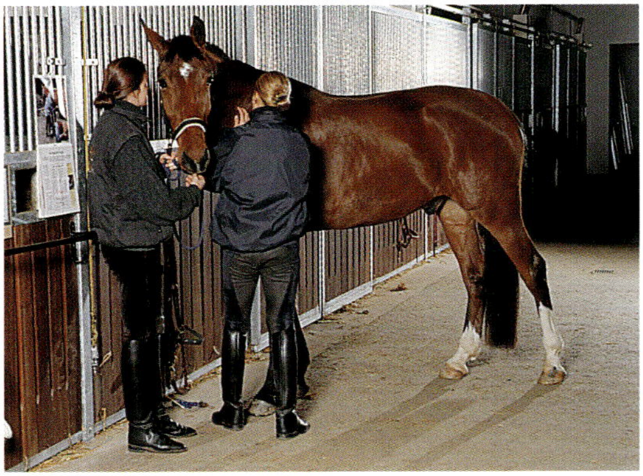

Bitte mit Aussicht

Wenn schon Boxenhaltung, dann sollten die Pferde wenigstens Außenboxen haben, in denen sie genug frische Luft und Unterhaltung bekommen. Wird ihnen dazu noch die Möglichkeit geboten, Riech-, Seh- und Hörkontakt mit ihren Nachbarn aufzunehmen und bekommen sie zusätzlich genug Auslauf auf der Koppel, kann Boxenhaltung durchaus als „artgerecht" bezeichnet werden.

Hinter Gittern ...

... meint in diesem Fall keineswegs den „Pferdeknast", sondern im Gegenteil eine Haltungsform, die Pferde sehr mögen: Als Gruppe im Laufstall. Der Haken ist allerdings, dass Haltung im Laufstall beim Füttern mehr Mühe macht und man die Pferde für die Arbeit aussortieren muss. Daher sind Laufställe meist nur auf Gestüten zu finden.

Nicht nur für Robustpferde

Wenn Pferde wählen dürften, würden sich wahrscheinlich selbst vornehme Turnierpferde für die Offenstallhaltung entscheiden. Dabei leben sie in einer Gruppe auf einer großen Koppel, auf der ein Unterstand – der nicht einmal besonders luxuriös sein muss – bei Regen und Sturm Schutz bietet. Die Pferde können sich bewegen, wie es ihnen gefällt, sie haben genug Unterhaltung und Sozialkontakt zu ihren Gefährten, sie können ihre Tage fast wie frei lebende Pferde verbringen.

Und nein, es ist definitiv nicht so, dass nur Robustpferderassen wie Isländer und Fjordpferde die Offenstallhaltung vertragen. Jedes Pferd – ob zarter Araber, nervöser Vollblüter oder sportlicher Warmblüter – kann sich an Offenstallhaltung gewöhnen.

Weidegang

Zu den schlimmsten Sünden, die Menschen im Umgang mit Pferden begehen können, gehört das Einsperren. So gut es manchmal gemeint ist: Die Verletzungsgefahr auf der Koppel rechtfertigt nicht, dass ein Pferd sich nicht draußen frei bewegen darf. Es ist für die psychische und physische Gesundheit eines Pferdes lebensnotwendig, dass es Licht, Luft, Sonne und Wind zu spüren bekommt und dass es Gelegenheit hat, mit anderen Pferden zusammen zu sein. Was immer man für ein Pferd im Stall tut, wie oft und abwechslungsreich man es auch bewegt – nichts kann den Koppelgang ersetzen. Er gehört zu den „Grundrechten" des Lauftieres Pferd und sollte vor allem im Sommer nicht die Ausnahme, sondern die Regel sein.

Friede, Freude, Eierkuchen

Gibt es ein hübscheres, friedlicheres Bild als Pferde, die auf der Wiese stehen und gemütlich miteinander grasen?
Allerdings steckt hinter einem solchen Bild viel Arbeit. Eine Koppel muss nämlich sorgfältig gepflegt werden. Mindestens einmal in der Woche sollte der Mist abgesammelt werden und sie muss gemäht werden.

Ersatzhandlung

Manchmal geht es einfach nicht. Das Pferd hat sich verletzt und gehört zu denen, die auf der Koppel – ungeachtet der angeschlagenen Sehne – toben würden. Doch selbst dann sollte man nicht einfach die Wiese vom Programm streichen, sondern sich und seinem Pferd einen Spaziergang mit ausführlichen Fresseinlagen am Strick gönnen.

WUSSTEN SIE?

▸ Pferde brauchen auch im Winter und bei schlechtem Wetter frische Luft. Regen und selbst Schnee ist kein Problem für sie – ihr Fell ist wasserdicht. Wenn bei Matschwetter die Koppeln nicht begehbar sind, sollten Pferde als Alternative ein Paddock haben – mit Heu gegen Langeweile.

Nur mit meinem Kumpel

Koppelgang dient bei Pferden nicht nur dem „Auslüften“ der Lunge und ist auch nicht nur eine Chance, frisches Gras zu futtern. Ebenso wichtig beim Koppelgang ist die Chance zum sozialen Kontakt mit anderen Pferden. Allerdings verstehen sich nicht alle Pferde. Daher müssen Koppelgemeinschaften sorgfältig zusammengestellt werden.

Dampf ablassen

Es gibt Tage, an denen man als Reiter keine Zeit hat, sein Pferd zu bewegen. Dann ist eine Koppel ideal. Selbst die faulsten Pferde werden draußen munter – und wenn sie dann sogar noch in Gesellschaft sind und animiert werden, kann man davon ausgehen, dass sie sich bewegen und richtig Dampf ablassen.

Fütterung

Fütterung ist eine Wissenschaft für sich. Kein Reitsportmagazin kommt ohne den allmonatlichen Artikel zum Thema aus, der Buchhandel bietet eine ganze Reihe Bücher dazu an und auf Pferdemessen finden sich riesige Stände von Futtermittelherstellern, die für jedes Problem das einzig wahre Futter anpreisen. Doch daraus entspringt, dass Tierärzte heute immer wieder mit Erkrankungen konfrontiert werden, die auf falscher Ernährung oder Überfütterung beruhen – und dass sich beim Thema „Fütterung" immer wieder erweist, dass Pferde definitiv nicht über eine „Rossnatur" verfügen. Um ein Pferd richtig zu füttern, braucht man nicht nur Wissen über seine Physiologie und seinen Verdauungsapparat, sondern eine ganze Menge Erfahrung. Und bei Kraftfutter gilt in vielen Fällen: Weniger ist mehr.

Wie in alten Zeiten

Es gibt heute unzählige Angebote in Sachen Pferdekraftfutter, doch in der Praxis zeigt sich, dass die althergebrachte Methode der Haferfütterung immer noch eine ganze Menge für sich hat. Hafer enthält alles, was ein Pferd in Sachen Kraftfutter braucht; Hafer wird üblicherweise gut vertragen und: Pferde mögen Hafer.

Fünfmal klein

... ist besser als dreimal groß, wenn es um Pferdemahlzeiten geht. Pferde haben einen relativ kleinen Magen. In der Natur fressen sie den ganzen Tag eine Winzlingsportion nach der anderen. Die Fütterung im Stall sollte möglichst natürlich sein, also ebenso aus mehreren Portionen am Tag bestehen.

Abwechslung

... in die Fütterung bringen Karotten, Äpfel und trockenes Brot – wobei das Letztere mit Vorsicht zu genießen ist. Brot enthält nämlich Hefe und Zucker – beides im Übermaß ist für Pferde nicht gesund. Darum sollte trockenes Brot nur in kleinen Mengen gefüttert werden. Abwechslung bringen dann aber auch noch andere Dinge in den Speiseplan – wie zum Beispiel Rote Beete, Chikoree, Petersilie, Bananen und Mandarinen.

Ballaststoffe

Ein Pferd kann mit sehr wenig oder sogar ganz ohne Kraftfutter auskommen – vor allem, wenn es nicht im Training ist. Doch ohne Heu geht nichts. Heu, Heusilage oder Gras ist die Grundlage der Pferdefütterung. Allerdings gibt es mit dem Heu heute oft ein Problem. Die meisten Wiesen werden gedüngt, was dazu führt, dass das Gras viel Eiweiß und Fructan enthält. Für Pferde ist ein Übermaß an Eiweiß und Fructan jedoch pures Gift. Ihr Verdauungsapparat ist nicht darauf eingestellt. Zu viel davon kann zu Hufrehe führen.
Dementsprechend sollte man für Pferde ballaststoffreiches Heu von mageren Wiesen kaufen. Es sollte grün und staubfrei sein und würzig duften. Muffiges oder schimmeliges Heu ist für Pferde tabu.

Beschäftigung

Stellen Sie sich vor, Sie müssten 23 Stunden am Tag herumstehen und keiner würde Ihnen dabei irgendwelche Unterhaltung anbieten. Langweilig, nicht?
Pferden geht es ähnlich. In der Natur sind sie ausreichend mit Futtersuche, Kontakten zu ihren Artgenossen und Wachestehen beschäftigt. Langweilig wird ihnen dort bestimmt nicht. Und auch früher, im Umgang mit den Menschen, langweilten sich Pferde nicht. Sie arbeiteten den ganzen Tag auf dem Feld, sie zogen Kutschen, sie wurden über weite Strecken geritten.
Heute dagegen erleben die meisten Pferde viel zu wenig. Eine Stunde Reiten pro Tag ist erstens nicht genug und zweitens immer dasselbe. Wer sein Pferd mag, der bietet ihm mehr Beschäftigung und Abwechslung.

Pferdefußball

Wir haben es schon mehrfach erwähnt: Pferde haben einen ausgeprägten Spieltrieb. Und mit ihnen zu spielen, macht nicht nur ausgesprochen Spaß, sondern hat auch ein paar angenehme Nebeneffekte: Mensch und Pferd lernen sich besser kennen, erweitern ihre Vertrauensbasis und festigen ihre Bindung zueinander.

WUSSTEN SIE?

- Spieltrieb gilt Verhaltensforscher als Zeichen höherer Intelligenz.
- Spielen hält jung. Pferde, die Gelegenheit bekommen, sich spielerisch zu betätigen, sind erwiesenermaßen fitter und gesünder als Pferde, die sich dauernd nur langweilen.

Mit Spiel kann man „sauren“ Pferden die Bewegungsfreude zurückgeben, nervige Pferde beruhigen und verschlafene wecken. Was man mit Pferden spielen kann? Der Haflinger im Bild führt eine Möglichkeit vor: Ball. Ein großer Ball auf der Wiese, den man beschnüffeln, mit der Nase stupsen, vorwärts treten oder vom Menschen auf sich zurollen lassen kann, bietet jede Menge Abwechslung und Unterhaltung.

Futterspiele

Menschenkindern predigt man: „Spiel nicht mit dem Essen!“ Für Pferde gilt das nicht. Futtersuche gehört zu ihrem normalen Verhaltensrepertoire – und warum sollte man das nicht für spielerische Betätigung ausnutzen? Sie daran zu gewöhnen, dass der Hafer nicht immer in der Krippe ist, sondern auch einmal in einem bunten Schüsselchen auf der Wiese, sorgt für Abwechslung.

Bodenarbeit

In den letzten Jahren hätte man manchmal meinen können, Bodenarbeit mit dem Pferd sei eine Erfindung der Westernreiter. Ist sie aber eindeutig nicht. Bodenarbeit – wie hier zum Beispiel über Stangen, um den Raumgriff zu verstärken und das Vorwärts-Abwärts zu trainieren – gehörte schon immer auch ins klassische Ausbildungsprogramm. Und je mehr man sich dabei einfallen lässt, desto besser fürs Pferd.

Reiten

Reiten, reiten, reiten ließ Rainer Maria Rilke seinen „Cornett“ – und für den war es Notwendigkeit. Heute ist Reiten Freizeitbeschäftigung und soll dem gestressten Stadtmenschen Erholung bringen. Doch als pures „Wellness-Programm“ für den Menschen sollte man Reiten nie betrachten. Zum Reiten gehört auch der Vierbeiner – und er sollte sich unter dem Sattel ebenso wohl fühlen wie der, der darauf sitzt. Voraussetzung dafür ist – ungeachtet des jeweiligen Reitstiles – die Ausbildung des Pferdes, die es ihm möglich macht, sich unter dem Reitergewicht auszubalancieren.

Englisch reiten

Der Unterschied zwischen Englisch- und Westernreiterei besteht nicht nur in der Ausstattung der Pferde, sondern vor allem darin, dass die Englisch-Reiter ihre Pferde in stetiger, leichter Anlehnung an den Zügel reiten, während die Westernreiter sich jeweils auf kurze Impulse am Zügel beschränken. Dahinter steckt aber in beiden Fällen, dass das Pferd in der Grundausbildung gelernt haben sollte, sich in Balance und Selbsthaltung zu bewegen und die Hinterhand so unter den Körper zu schieben, dass es damit verstärkt Gewicht aufnehmen kann.

Anlehnung? Ja, bitte!

Die Diskussion über „Anlehnung" – der ständige Kontakt zwischen der Reiterhand und dem Maul des Pferdes via Zügel – gehört so zum Reitstall wie die Rossäpfel auf die Miste. Und immer wieder finden sich Reiter, die ihr Pferd „möglichst natürlich" reiten wollen und der ganzen „Zuppelei" am Zügel sehr skeptisch gegenüberstehen. So ehrenvoll ihr Anliegen sein mag, sie übersehen dabei einen wichtigen Punkt. Mutter Natur hat Pferde nicht dafür vorgesehen, mit einem Zig-Kilogramm-Rucksack herumzumarschieren. Reiten ist per definitionem „unnatürlich" – und darum kann sich ein Pferd unter dem Reiter nicht „natürlich" bewegen. In dem Moment, in dem man ihm Sattel und Reiter auf den Rücken packt, kommt es aus seiner natürlichen Balance. Die Aufgabe des Reiters ist es nun, dem Pferd wieder Balance zu ermöglichen – und dazu bedarf es eines kleinen „Umbaus". Das Pferd muss lernen, die Vorhand, auf der der größte Teil des Reitergewichtes sitzt, zu entlasten, indem es mit der Hinterhand verstärkt Gewicht aufnimmt. Dazu muss es die Hinterhand unter den Körper schieben und die Hanken beugen. Das geht aber nur, wenn es die Rückenmuskulatur einsetzt – was wiederum ein Aufwölben des Halses voraussetzt, das nur bei Anlehnung an den Zügel erfolgen kann.

WUSSTEN SIE?

▸ Die Ursprünge der klassischen Reiterei reichen weit zurück. Die erste überlieferte Reitlehre, in der die Grundlagen dessen beschrieben wurden, was wir heute reiten, heißt „Peri hippikes" und stammt vom griechischen Philosophen Xenophon um 400 v. Chr.

Ab ins Gelände!

Reiten macht fast immer Spaß, aber am schönsten ist es doch, mit dem Pferd durchs Gelände zu streifen. Und draußen werden selbst die faulsten Pferde munter! Sie genießen die Sonne im Fell und die Gelegenheit, einmal richtig durchzustarten. Voraussetzung fürs Geländereiten ist allerdings, dass Ross und Reiter die Grundschule absolviert haben. Das Pferd muss fähig sein, das Reitergewicht auszubalancieren und sich dem Reiter anzuvertrauen. Der Reiter unterdessen muss in der Lage sein, sein Pferd auch in einer schwierigen Situation im Griff zu behalten.

Im Doppelpack

Erfahrene Reiter dürfen sich durchaus ab und an alleine ins Gelände trauen, doch für einen größeren Ausritt sollte man Begleitung mitnehmen – und das nicht nur, weil es für die Reiter netter ist, sondern auch, weil sich Pferde mit einem Kumpel zusammen wohler und sicherer fühlen.

Wasser marsch!

Zu den größten Vergnügen, die man seinem Pferd im Sommer gönnen kann, gehört ein Bad. Wer in der Nähe eines Sees oder eines Baches ist, sollte sich und seinem Pferd an heißen Tagen die Freude gönnen, mal richtig plantschen zu dürfen. Und übrigens: Pferde können schwimmen!

Wandern zu Pferd

Auch wenn unsere Heimat reichlich zugebaut ist: Es gibt sogar bei uns noch Ecken, in denen man wunderbar und tagelang wanderreiten kann. Voraussetzung dafür sind allerdings eine ganze Menge Planung, Erfahrung im Gelände und auf Wanderritten sowie Training. Pferde, mit denen man auf einen Wanderritt gehen will, brauchen Kondition. Sie müssen daran gewöhnt sein, für Stunden im Gelände zu marschieren – und wenn man sie rechtzeitig dafür trainiert, außer dem Reiter auch noch die Packtaschen zu tragen, ist es bestimmt kein Schaden.

Voll geländegängig

Für ein gut trainiertes Pferd gibt es im Gelände praktisch nichts, wo es nicht durch- und weiterkommt. Das Einzige, was Pferde chancenlos macht, ist vereister Boden. Doch ansonsten ist alles nur eine Frage der Ausbildung, der Geduld und des Vertrauens. Cavaletti-Arbeit im Vorfeld ist eine gute Übung, bei der das Pferd lernt, seine Hufe gezielt zu setzen. Das kann später im Gelände von Nutzen sein: auf unwegsamem Untergrund, schmalen Pfaden oder bei herumliegenden Zweigen.

Angst und Überforderung

Wenn ein Pferd nicht mehr mit seinem Reiter kooperieren will, stecken fast immer Angst oder Überforderung dahinter. Und in manchen Fällen sogar beides – woraus resultiert, dass ein Pferd, das im Gelände scheut, verweigert, steigt oder durchgeht, keinesfalls bestraft werden sollte. Es hat doch einen Grund für das, was manche Reiter „Ungehorsam" nennen! Und wer sein Pferd nicht in die stumpfe Resignation treiben will, geht darum auf seine Ängste ein und sorgt dafür, dass es genug Selbstbewusstsein hat, sich in unbekannten Situationen nicht überfordert zu fühlen.

Scheuen

Manchen vierhufigen Gemütsathleten graut draußen so schnell vor nichts, andere sehen hinter jedem Busch gefährliche Kobolde. Wenn ein Pferd scheut, ist der Reiter gefragt – und für ihn wird es schwer, denn er muss gegen seinen „Instinkt" handeln. Anstatt das scheuende Pferd am Zügel festhalten zu wollen, muss er loslassen können – und dabei auch noch beruhigend mit seinem Pferd reden. Er muss ihm Vertrauen einflößen.

WUSSTEN SIE?

- In der Ruhe liegt die Kraft. Ein ängstliches Pferd beruhigt sich am schnellsten, wenn der Reiter gelassen bleibt.
- Sollten Sie selbst zu den ängstlichen Gemütern gehören, reiten Sie am besten in Begleitung eines erfahrenen Reiters mit einem ruhigen Pferd aus.
- Lassen Sie dem Pferd Zeit. Hat es Angst, sollte es sich in Ruhe nähern und das Schrecknis untersuchen dürfen, sofern es die Situation zulässt.

Rückwärts? Vorwärts!

Was immer beim Reiten schief geht: Es gibt fast keine Situation, in der Vorwärtsreiten nicht hilft. Bei der Meinungsverschiedenheit im Bild links geht nur noch vorwärts. Das Pferd hat den Kopf oben, um sich dem Zügel zu entziehen. Dabei gibt es dem Reiter keine Chance mehr, anders als vorwärts einzuwirken – und sich im Vorwärts wieder mit ihm zu einigen.

Aufwärts? Vorwärts!

Steigen gehört zu den Situationen, vor denen sich Reiter – zu Recht – am meisten fürchten.
Die Reiterin im Bild zeigt, wie man mit Steigen am besten umgeht: Auf keinen Fall „gegensitzen“ und am Zügel ziehen, sondern stattdessen dem Pferd um den Hals fallen. Und aus dem heraus versuchen, energisch nach vorne zu reiten.

Service

Zum Weiterlesen

Amler, Ulrike: **Alles über Pferde.** Haltung, Reiten, Rassen. Kosmos 2006
Mit diesem Buch gelingt der Einstieg in das faszinierende Thema Pferd auf Anhieb. Leicht verständlich, fachlich fundiert und wunderschön bebildert! Von Sprache und Verhalten der Pferde über Reiten lernen bis zum Pferdekauf – da bleiben keine Fragen offen.

Bayley, Lesley: **Trainingsbuch Bodenarbeit.** Die Methoden und Übungen der besten Pferdeausbilder, Kosmos 2006
Alles Gute kommt vom Boden. Denn Bodenarbeit fördert das Körpergefühl, dient der Gymnastizierung und ist eine ideale Ergänzung zum Reiten. Hier sind die Methoden der bekanntesten Ausbilder wie Monty Roberts, Pat Parelli, Linda Tellington-Jones, Mark Rashid, Dan Franklin u.a. in einem Buch beschrieben.

Bender, Ingolf (Hrsg.): **Kosmos Handbuch Pferd.** Umfassendes Expertenwissen auf aktuellem Stand. Kosmos 2006
In diesem umfassenden Werk erfahren Sie alles rund ums Pferd. Haltung und Fütterung, Evolution und Geschichte, Verhalten und Zucht, Hufkunde und Krankheiten, aber auch alles übers Reiten: egal ob Dressur, Vielseitigkeit, Springen, Western, Freizeit oder Fahren. Jedes Thema wurde von einem Experten geschrieben.

Binder, Sibylle Luise: **Reiten lernen, ganz entspannt.** Der Einsteigerkurs. Kosmos 2004
Hiermit gelingt der Einstieg in Ihr Traumhobby garantiert leicht und unkompliziert. Die Reitlehre zeigt, wie Sie sich optimal vorbereiten. So wird der Traum vom Reiten entspannte Wirklichkeit.

Binder, Sibylle L.: **Populäre Irrtümer über Pferde.** Kosmos 2005
Vom Schlafen im Stehen und vom Hafer, der sticht. Kurioses, Wunderliches und Erstaunliches über Pferde, worüber selbst erfahrene Reiter und Pferdekenner staunen.

Frevert, Sylvia: **Entspannt reiten ohne Angst.** In 12 Wochen zu mehr Sicherheit und Selbstvertrauen. Kosmos 2006
In jedem Reiterleben gibt es Angstsituationen, die den Spaß am Reiten schmälern oder sogar zur Aufgabe bewegen können. Entspannung kann aber ebenso wenig erzwungen werden wie Spontaneität. Dieser Ratgeber zeigt, wie der Reiter Angstsituationen bewältigen kann und Vertrauen findet. Eine kreative Anleitung auch dazu, wie man sich selbst überlistet!

Gohl, Christiane: **Was der Stallmeister noch wusste.** Neue Tipps rund ums Reiten. Kosmos 2005
Ausflüge in eine Zeit, in der das Reiten kein Hobby, sondern ein wichtiger Teil des Lebens war, bringen Kurioses, Amüsantes und vor allem erstaunlich Nützliches ans Licht.

Gohl, Christiane: **Pferde kennen und verstehen.** Verhalten, Umgang, Reiten. Kosmos 2005
Das ideale Buch für Einsteiger. Fundierte, aber unterhaltsame Antworten auf alle Basisfragen rund ums Pferd. Mit vielen praktischen Extra-Tipps.

Jost, Werner: **Dressurreiten im Gelände.** Vom Bergaufgalopp bis zur Piaffe. 50 Lektionen auf der grünen Wiese. Kosmos 2006
Tagein tagaus Dressur-Lektionen in der Halle? Wie langweilig! Also rauf aufs Pferd und ab ins Gelände! Jeder Reiter sein Pferd auf Ausritten gymnastizieren, die Natur sinnvoll in den Trainingsplan einbinden und unterschiedliche Geländeformen nutzen.

Puls, Susanne: **Von Ross und Reiter. Ein satirisches Typenhandbuch.** Kosmos 2006
Wie der Herr so's G'scherr – das trifft auch auf Pferd und Reiter zu. Susanne Puls nimmt die unterschiedlichen Reiter- und Pferdetypen mit Humor und Ironie auf die Schippe. Ein Buch, das zum Schmökern, Lachen und Verweilen einlädt, und ein wunderbares Geschenk für alle Pferdeliebhaber ist.

Schöning, Barbara Dr.: **Das Kosmos Erziehungsprogramm Pferde.** Kosmos 2004
Das kleine Einmaleins des guten Benehmens für Pferde und wie Sie es auch mit Ihrem Pferd spielerisch und mit Freude erreichen.

Simonds, Mary-Ann: **Was Pferde wirklich brauchen.** Der Weg zu Ausgeglichenheit und Leistungsstärke, Kosmos 2006
Pferde brauchen viel Bewegung, ausreichend Platz und eine klare Führung – das ist bekannt. Doch welche Bedeutung konstante Freundschaften für Pferde haben, weil sie ihr Grundbedürfnis nach Sicherheit erfüllen, das weiß kaum einer. Eindrucksvoll beschreibt die bekannte Verhaltensforscherin Mary Ann Simonds, wie Pferde denken, lernen und ihre Umwelt wahrnehmen, und zeigt auf, dass die meisten Probleme vom Menschen selbst verursacht sind.

Nützliche Adressen

Deutsche Reiterliche Vereinigung (FN)
Freiherr-von-Langen-Str. 13
D-48231 Warendorf
Tel.: 0049-(0)2581-6362-0
Fax: 0049-(0)2581-62144
www.fn-dokr.de

Vereinigung der Freizeitreiter und -fahrer
in Deutschland (VFD)
Auf der Hohengrub 5
D-56355 Hunzel
Tel.: 0049-(0)6772-9630980
Fax: 0049-(0)6772-9630985
www.vfdnet.de

Bundesfachverband für Reiten und Fahren
in Österreich (BFV)
Geiselbergstraße 26-32/512
A-1100 Wien
Tel.: +41-(0)1-7499261-0
Fax: +41-(0)1-7499261-91
www.fena.at

Schweizerischer Verband für Pferdesport (SVPS)
Box 726
Papiermühlestraße 40 H
CH-3000 Bern 22
Tel.: +31-(0)335-4343
Fax: +31-(0)335-4358
www.svps-fsse.ch

Register

Bildnachweis

Farbfotos von B. Banduhn (1; S. 69 o.), J. Christen/Kosmos (1; S. 64), K.-J. Guni/Kosmos (4; S. 66 o., 68 beide, 69 u.), K.-J. Guni/Streitferdt (2; S. 79 l., 81 u.), Juniors Tierbild (4; S. 35, 36 u., 37 beide), G. Kärcher (2; S. 34, 36 o.), M. Lins/Kosmos (1; S. 83 u.), G. Metz (1; S. 66 u.), J. Rau (1; S. 76 u.), C. Salata/Kosmos (7; S. 76 o., 78 beide, 82, 83 o., 89 beide), Horst Streitferdt (7; S. 19 u., 21, 27 u., 29 beide, 31 beide) und S. Stuewer (5; S. 67, 77 beide, 80 o., 81 o.). Alle weiteren 121 Farbfotos sind von Horst Streitferdt/Kosmos.

Impressum

Umschlaggestaltung von eStudio Calamar unter Verwendung eines Farbfotos von Sabine Stuewer/ www.stuewer-tierfoto.com sowie drei Farbfotos von Horst Streitferdt/Kosmos (Umschlagrückseite).

Mit 161 Farbfotos.

Bibliografische Information Der Deutschen Bibliothek:
Die Deutsche Bibliothek verzeichnet diese Publikation in der Deutschen Nationalbibliografie; detaillierte bibliografische Daten sind im Internet über http://dnb.ddb.de abrufbar.

Gedruckt auf chlorfrei gebleichtem Papier

ISBN 13: 978-3-440-10642-6
ISBN 10: 3-440-10642-X
Redaktion: Alice Rieger
Gestaltungskonzept: Tatyana Momot
Produktion: Kirsten Raue / Claudia Kupferer
Printed in Germany / Imprimé en Allemagne